De regreso a casa

SIXTO PORRAS

CASA
CREACIÓN

La mayoría de los productos de Casa Creación están disponibles a un precio con descuento en cantidades de mayoreo para promociones de ventas, ofertas especiales, levantar fondos y atender necesidades educativas. Para más información, escriba a Casa Creación, 600 Rinehart Road, Lake Mary, Florida, 32746; o llame al teléfono (407) 333-7117 en Estados Unidos.

De regreso a casa por Sixto Porras
Publicado por Casa Creación
Una compañía de Charisma Media
600 Rinehart Road
Lake Mary, Florida 32746
www.casacreacion.com

Visite la página web del autor: www.enfoquealafamilia.com

Editado por: Gisela Sawin
Diseño de portada por: Lisa Rae McClure
Director de diseño: Justin Evans

Library of Congress Control Number: 2015934734
ISBN: 978-1-62998-278-6
E-Book ISBN: 978-1-62998-350-9

Impreso en los Estados Unidos de América
15 16 17 18 19 * 7 6 5 4 3

De regreso a casa

CONTENIDO

DEDICATORIA

Dedico este libro a mi esposa Helen, mi mejor amiga, compañera de mil batallas, soñadora amada y quien ha sacado lo mejor de mí. La mujer valiente que decidió amar y ha hecho fácil el recorrido. Junto a ella, hemos formado a nuestros hijos, Daniel y Esteban. Ellos son nuestro legado. Helen siempre dice: «Nada ocurre automáticamente; se requiere constancia, consistencia y coherencia». Y tiene razón.

También dedico este libro a las mujeres heroicas que sin la presencia de un cónyuge han sacado a sus hijos adelante. Dejando de lado su dolor, resolvieron amar. Espero que un día su descendencia despierte y sepa honrar, agradecer y amar de la misma forma. Asimismo, a los hijos esforzados que, a pesar del abuso o abandono de sus padres, no renunciaron a amar, a perdonar, a permanecer y a levantarse para construir historias distintas y sobresalientes.

Además, a la abuela y el abuelo valerosos, que, en el ocaso de sus días, dispusieron criar a su nieto(a), quien les sacó más canas y las más agradables sonrisas. A ellos, que pensaron que ya habían terminado y se acomodaron para volver a comenzar.

Y por último, dedico este libro a aquellos hombres que, dejando atrás mitos y prejuicios de género, escogieron amar, honrar y sostener a los suyos, siendo esposos presentes y padres amorosos.

RECONOCIMIENTOS

Este libro es el resultado de muchos meses de trabajo y de las mil carreras de mi editora, M. Alessandra De Franco A. Ella ha corregido, investigado y editado lo que mes a mes expongo en diferentes medios de comunicación. Mil gracias Ale, por pulir y dar brillo a mis pensamientos. Pero sobre todo, gracias por inspirarme a creer que lo mejor es posible.

Agradezco a mis buenos amigos, los periodistas Edgar Silva y Adriana Durán, así como al programa *Buen Día*, en Costa Rica. Este libro se inspira en las entrevistas que mes a mes nos han permitido estar en contacto con los dolores, las preguntas y las alegrías de las familias. Gracias por haber sacado y seguir sacando lo mejor de mí en cada cita matutina.

Valoro y aprecio el trabajo incansable de mis compañeros de *Enfoque a la Familia*. Es el deseo de dar nuestro mayor esfuerzo para servir a los demás lo que nos permite ayudar a las familias a mejorar. Gracias por buscar siempre la excelencia en lo que hacen.

Sobre todo, doy gracias a Dios, quien a mis 18 años, cambió mi vida y transformó mi existencia. Ha sido mi inspiración, mi refugio, mi Padre eterno y la roca firme sobre la cual he edificado mi vida y la de mi familia.

EL HOGAR EN EL QUE QUIERO VIVIR

En más de treinta años de dar una mano a las personas con sus problemas familiares, me he encontrado con historias dolorosas, frustración y preguntas existenciales importantes que me indican que todos deseamos tener y pertenecer a una familia saludable, una familia que ofrezca un ambiente en el que se pueda vivir con seguridad y confianza. Y creo firmemente que es algo que sí se puede lograr.

En este libro le contaré relatos que revelan horas de agonía, cuestionamientos sobre la vida misma y anhelos de corazones sinceros. Retrata la situación que vive la familia de hoy. Cada historia ha sido tomada de la vida real y ha sido modificada con nombres y datos ficticios para proteger a quienes las han narrado. Si se identifica con alguna, es porque así es la vida.

Por ejemplo, mire la historia de Pedro. Se la cuento porque ella me ayudará a describirle lo que pretendo con este libro. Pedro, de tan solo 30 años, me dijo: «Necesito ayuda urgentemente, ya que puedo perder a mi esposa y a mi hija. Soy un hombre muy enamorado de mi esposa. Quiero confesarle que mi sueño siempre ha sido construir un hogar sano, lleno de amor y con todo el deseo de que Dios sea el centro de nuestro hogar. Pero mi esposa me puede dejar. La amo a ella y a mi hija sobre todas las cosas, pero a mis 30 años de edad, tengo graves problemas: cuando me enojo, me transformo en otra persona, no me puedo controlar, ofendo y le hago mucho daño a la mujer que amo. Esto no es mío...Cuando crecía, mi papá golpeaba a mi mamá en extremo y yo me encerraba en la habitación a llorar. Muchas veces me dije que no haría lo mismo, pero ahora lo estoy haciendo. Mi esposa ya no soporta y creo que ahora se ha enamorado de un compañero del trabajo. Sé que es mi culpa. Yo apagué el amor con mis celos y agresiones. Ella ha despertado y temo que pueda perderla. Le he encontrado mensajes de texto que no me gustan. Ahora quiere ir a bailar con sus compañeros. Le insisto en que deje ese trabajo porque el ambiente no le conviene. Pero ella me dice que se cansó, que no soporta más las agresiones y que ha encontrado en sus compañeros el cariño que no recibe en la casa. Quiero cambiar, pero no sé cómo hacerlo. Por favor, ayúdeme; yo amo a mi familia y no quiero perderla».

¡Qué no podría haberle dicho al joven de esta historia si él hubiera buscado ayuda antes de casarse! Él es un joven esposo desesperado que anhela construir una familia saludable a partir de una relación a punto de destruirse. Pero, además, enfrenta el desafío de superar lo que aprendió en su hogar y que ahora repite. Es en casa donde aprendemos a vivir en familia, pero es tremendo saber que no todo fue bueno y que necesitamos reaprender de nuevo, porque si no lo hacemos, tendremos los mismos frutos que precisamente deseamos evitar.

El drama que vive este joven de tan solo treinta años y su esposa es más común de lo que imaginamos. Esa es la razón de este libro, esa es la razón por la que me gustaría sentarme con usted a escribir una mejor historia, la mejor de todas. Si ya decidió vivir en pareja con ese ser amado, si ya decidieron que van a vivir juntos el resto de sus vidas, este es el momento de hacer un pequeño alto conmigo. Pero también, si ya tiene muchos años de compartir su vida con su cónyuge y está dispuesto a no soltar la toalla ante las adversidades que han tenido que hacer frente. No puede ser que nos amemos y nos lastimemos al mismo tiempo cuando podemos hacer algo para cambiarlo. No puede ser que tratemos al otro como si fuera una persona inmadura y que el otro nos devuelva un trato de subestimación donde se supone que debe existir respeto y admiración. No, de ninguna manera. Si nos amamos, merecemos consideración y aceptación. Pero es la fuerza de la costumbre la que nos lleva a descuidar los detalles, lo verdaderamente importante. Poco a poco vamos corriendo la línea del respeto hasta llegar a agredirnos. Pero lo más triste es que convertimos en costumbre lo que no debería ser normal y lo que nos lastima. Es aquí cuando nos asustamos ante el anuncio de un posible divorcio.

En este libro me he propuesto trabajar con las familias porque creo que podemos tener una convivencia que se convierta en una historia de amor, donde primen las risas, el cariño y el afecto mutuo. Creo que podemos construir un lugar en el que seamos capaces de superar nuestras diferencias, perdonar nuestros errores y convertir en agradable el recorrido de la vida. Lo cierto es que este es el deseo de todos, pero no sabemos cómo hacerlo. Para que la familia crezca saludablemente, necesitamos matrimonios saludables, fuertes y proyectados en el tiempo. Por eso la familia se construye a partir de la valentía de desear amar.

Es tiempo de volver nuestro corazón a casa para edificarla, amarla y disfrutar vivir en familia.

Y es que el dolor de los matrimonios se expresa de muchas maneras. Se lo ilustro con el relato de Juan: «Soy una buena persona, trabajadora, educada, de buenos modales, pero me casé con alguien que me menosprecia. Yo trato de comprender a mi esposa y de sobrellevar su carácter cambiante, pero hay un aspecto que ya no tolero, y es la agresión verbal constante por razones cada vez menos justificadas. La agresión verbal misma no tiene justificación, pero uno se acostumbra; bueno, no sé si se acostumbra o se tolera. Yo a ella nunca la ofendo de palabra. Es muy cansador amanecer con las palabras: "Estúpido, idiota, inútil". Tenemos un hijo de 10 años, ante el cual, últimamente, hemos podido llevar una aparente vida normal. Yo hago todo lo que puedo por no quebrarle el ambiente familiar y que lleve una vida lo más normal posible. Por estar cerca de él es que he tomado conciencia del círculo violento en que vivo con mi pareja y lo acepto con tal de estar cerca de mi hijo. Hemos hablado del tema de la separación. Pero mi trabajo no da para mantener dos casas. ¿Qué puedo hacer en este caso para no causarle un problema a mi hijo si un día llegáramos a separarnos? Porque no soporto más ser menospreciado como lo soy en mi matrimonio. Mi esposa, un día es la mujer más amorosa del mundo, pero al día siguiente, cualquier cosa es suficiente para justificar un "estúpido" de parte de ella. He aprendido a soportar, a controlarme y a no responder de la misma manera. Pero no merezco compartir mi vida con alguien que use esas palabras conmigo; creo que merezco ser respetado y tratado con consideración».

¿Cómo ayudar a este esposo que desea hacerlo bien y, sobre todo, cómo trabajar con esta dama que no sabe cuánto lastima a la persona con quien comparte su vida? ¿Es nuestro destino tener relaciones rotas porque no sabemos amar? De ninguna manera. Vivir en familia es un arte que se aprende; en ocasiones se requiere firmeza y, en otras, ternura. Pero no es un escenario para herirnos, humillarnos y lastimarnos. Juntos podemos crecer en el arte de amar.

Pero no solo los matrimonios enfrentan problemas, también lo hacen padres e hijos. Por eso quiero sentarme con la madre valiente que sin la presencia de un cónyuge ha decidido amar a sus hijos y sacarlos adelante. Veamos el caso de María, quien tiene una pregunta existencial importante sin resolver: «¿Es mi familia disfuncional? ¿Puedo ver a mi familia como una familia completa?». ¿Cómo no animar a María, que escogió no abandonar? Tantas Marías a las que la sociedad ha llamado «mujeres solas». Ellas no tienen una pareja al lado, pero ¿solas? Ellas tienen la alegría de la sonrisa tierna de sus hijos que las inspira. Espero poder eliminar estigmas y fortalecer su fe y esperanza en la misión de criar hijos plenos y de bien. La verdad es que nuestros hogares no están completos porque hay un «x» número de personas. Están completos cuando Dios ha llenado cada rincón de nuestra vida y nos vemos a nosotros mismos felices, compartiendo y disfrutando a pesar de las circunstancias, aprendiendo y sacando el mayor provecho de, incluso, decisiones erradas que tomamos en el pasado. Convertimos a nuestros hijos en víctimas cuando enfermamos sus corazones con odio, rencor y deseos de venganza hacia el cónyuge ausente. Pero lo podemos hacer diferente si recorremos el camino del perdón y soltamos nuestro pasado para recuperar la paz y es, entonces, cuando somos capaces de vernos como personas plenas y nuestros hogares como familias completas y felices.

Quiero recorrer este camino con usted. Es mi anhelo poder darle una mano, dar una mano a las familias para resolver sus dificultades y anticipar los momentos difíciles, todo con la meta de que tengamos un reencuentro que nos permita transformar nuestro hogar en el refugio al que todos deseamos llegar. Sí, todos enfrentamos dificultades en casa, dolores, decepciones y hasta traiciones: los hogares perfectos no existen, pero sí tenemos el derecho de construir una familia saludable en la que sea agradable vivir. Durante todo el libro le propondré algo que espero pueda convertir en su eslogan familiar: «Si vamos a vivir juntos, hagamos agradable el viaje». Creo firmemente que podemos construir familias en donde el abrazo sea la costumbre y la disculpa nos sirva de puente para reconciliarnos. Nos podemos enojar con un amigo y, aunque doloroso, no pasa nada si no nos volvemos a ver. Nos podemos enojar con nuestros jefes y compañeros y, a pesar de ello, podemos seguir adelante. Pero si nos disgustamos con nuestra familia, algo pasa. Pueden pasar los años, pero en el fondo del corazón, sabemos que necesitamos reconciliarnos porque es sangre de nuestra sangre: es mi padre, mi madre, mi hijo. Es alguien a quien amamos, pero por un momento de enojo, nos distanciamos. Lo cierto es que no fuimos creados para vivir separados de la familia; sin embargo, ahora más del 50% de los matrimonios se divorcia y más del 40% de los hijos nacen en relaciones donde los padres no estarán juntos. El desafío es muy grande, pero es posible la reconciliación y volver a empezar.

Y el punto ciego que no logramos ver en esta ecuación es el más obvio de todos: para edificar una familia saludable, se necesitan personas que hayan encontrado sanidad emocional y descanso espiritual, personas plenas y realizadas. Le hemos puesto cargas al matrimonio que no puede llevar. O expectativas a los hijos que no son viables. Hemos exigido que los otros o las relaciones que llevamos con ellos llenen vacíos que solo nosotros mismos podemos llenar. Por eso muchas esposas lloran y muchos esposos se lamentan, porque se sienten estafados debido a que creyeron que lo que les prometieron no es lo que están viviendo. Las personas van y forman una familia con la idea de que esta llenará los vacíos existenciales que han arrastrado por años. Empero, el matrimonio y la familia no están diseñados para hacer felices a las personas. La felicidad es una conquista personal, una elección que se toma, un estilo de vida, un recorrido, una construcción permanente. La felicidad es lo que tenemos para compartir, no es algo que alguien nos otorga. La felicidad que yo tengo es lo que aporto al hogar y es la suma de lo que todos aportamos lo que nos permite tener una familia saludable que contribuye a la propia felicidad. Esa es la razón por la que también daremos un vistazo al desarrollo personal, a eso que nos permite encontrarnos con nosotros mismos para vivir plenamente. A la persona que sabe quién es y tiene claro hacia dónde se dirige le es más fácil compartir su ilusión con los demás miembros del hogar. Bien lo dijo Yeimy en una publicación que hicimos en redes sociales: «El tiempo que se le dedica a la familia es sumamente importante, pero también es importante sentirse realizada profesionalmente. Se debe trabajar en buscar un equilibrio sano entre ambas partes».

Alcanzar la realización personal, aprender a bajar el ritmo cuando es necesario y detenernos para disfrutar lo que vivimos, lo que hacemos y lo que somos es indispensable para tener una familia saludable.

La realización personal nos ayudará a aportar lo mejor de nosotros a la familia y, justamente, la familia necesita personas sanas, equilibradas, emocionalmente saludables y con quienes sea fácil vivir. No significa que no tengamos dificultades o momentos difíciles, o bien, que no cometamos errores; pero si adquirimos conciencia de nuestra responsabilidad, dejaremos de exigir que los demás cambien para que seamos felices y comenzaremos aportar antes de ser personas demandantes.

Aún recuerdo el comentario de Sofía respecto a su matrimonio: «Mi esposo es doctor, especialista en enfermos terminales. Su trabajo requiere que esté disponible en cualquier momento: los pacientes no esperan, todos están en estado terminal. Por su profesionalismo y por ser un excelente médico, tiene muchos pacientes. Por esta razón él no pudo estar en ninguna cita del doctor cuando estuve embarazada y tampoco estuvo en el parto de mis hijos. Al principio me enojaba mucho, mis amigas no lo comprendían y me hacían ver la situación y eso me enfurecía más. Pero mi esposo es tranquilo, paciente, amoroso, y me da un sentido de seguridad impresionante, y eso era lo que me había cautivado de él. Un día reflexioné al respecto y me di cuenta de que tenía un gran hombre como esposo: responsable, amoroso, tierno, paciente, trabajador y fiel. ¿Qué más puedo pedir? A partir de aquel día, todo cambió en casa. Acepté a mi esposo como era, un profesional responsable y un gran ser humano. Dejé de reclamarle que me diera lo que no podía darme. Lo amo como es, aprovechamos al máximo nuestro tiempo juntos y todo el ambiente en la familia cambió. Dejé de ser una mujer frustrada, enojada, demandante y exigente. Ahora soy una persona plena, realizada, feliz y alegre. Nuestro hogar cambió radicalmente. Yo ya había comenzado a hablar de divorcio, de incomprensión y de una situación insoportable. Pero un día, me di cuenta de que mi familia no es convencional, es diferente, por lo que decidí amarla tal cual es».

Si todos comprendiéramos que cambiando de actitud y de perspectiva las cosas pueden ser mejores, nuestra convivencia en casa sería más agradable. Por eso espero que a través de estas páginas podamos crecer juntos en la aventura de ser mejores personas, de ser sujetos más plenos.

Y, por último, quisiera que me acompañara a sortear otro obstáculo que, más que en otra época de la historia, enfrentamos como individuos, como familias y como sociedad. Hoy vivimos en un mundo muy acelerado, donde las ambiciones y preocupaciones personales pueden llegar a ser más fuertes que la colectividad de la familia. Habitamos en casas más grandes, con más comodidades, pero hay menos tiempo para compartir, comer juntos, jugar, divertirnos y, claro, para formar a las mujeres y a los hombres del mañana. ¿Quién está educando a nuestros hijos? ¿Con quién conviven todo el día? Corremos a la mañana para dejarlos en el lugar donde los cuidan o en el que estudian y los recogemos al final del día. Al llegar a casa, seguimos apresurados con todo lo que tenemos que hacer y, de repente, la energía se agota y quedamos exhaustos. A la mañana siguiente repetimos la rutina, y la vida se va en ocupaciones, cuentas por pagar, el tráfico, las compras del supermercado y las obligaciones de la casa.

Vivimos en un mundo con altas demandas y exigencias, pero constantemente debemos reflexionar para bajar el ritmo y construir recuerdos familiares.

Es el cansancio de ambos padres lo que los lleva a estar sensibles, irritables y aun celosos por las responsabilidades añadidas que conlleva la paternidad. Ahora, el tiempo no es todo nuestro, no hacemos lo que deseamos, sino lo que debemos. Hijos e hijas consumen todas las fuerzas y los recursos económicos. Surgen las preguntas existenciales, como: «¿Por qué tener más hijos?». Pero es la ilusión de dejar un legado lo que nos impulsa a decidir ser padres.

Y existen personas valientes que han tomado decisiones radicales con tal de dar calidad de vida a su familia. Espero traer algunas recomendaciones que le ayuden a vivir una vida más equilibrada, porque esta es la lucha de todos en el mundo de la internet, las redes sociales y lo urgente. Unos de los propósitos de este libro es dialogar con los padres sobre el reto que viven en la crianza de sus hijos en la actualidad. Como padre, comprendo perfectamente lo que significa el cansancio agotador de una jornada de trabajo y el reto que es llegar a casa a resolver asuntos y, todavía, sacar fuerzas para cosas más trascendentales y esenciales requeridas para la armonía y la convivencia en el hogar, y si a eso se suman largas noches en vela al lado de un hijo enfermo o tener que salir al hospital porque enfrentó una crisis de asma, el panorama puede volverse angustiante. Curiosamente, esos son los momentos que nos hacen caer de rodillas y clamar a Dios por un milagro.

¿Quién dijo que sería fácil ser padres? ¿Quién nos entrenó para enfrentar la tarea? Todavía recuerdo cuando esperábamos a nuestro segundo hijo. Yo tenía una inquietud existencial importante: no quería dividir el amor que le tenía a Daniel, mi hijo mayor, con el pequeño que venía. Daniel había conquistado todo mi amor y no quería dividirlo. Cuando he contado esto en algunas conferencias he visto que muchos se identifican con esta pregunta. Fue cuando me senté con un amigo que tiene cuatro hijos que supe que a cada uno de los hijos se llega a amar al cien por ciento. Esto me tranquilizó. Pero ¿quién nos ayuda a responder estas preguntas? Bueno, espero que juntos nos ayudemos a enfrentar el reto de ser buenos padres.

Acompáñenme a hacer un recorrido por las diferentes circunstancias que viven las familias para que podamos crecer y construir el hogar en el que deseamos vivir. Vivamos este desafío tomando herramientas que nos permitan hacerlo de la mejor manera.

Capítulo 1

LOS DIFERENTES TIPOS DE FAMILIA

*Celebro a aquellos abuelos que por ausencia de un padre,
ya sea por abandono o fallecimiento, se han encargado
de los nietos. Mi esposo es un ser muy especial y a él
le ha tocado ver desde muy joven por los sobrinos que
han quedado huérfanos. Gracias a todos los abuelos del
mundo, gracias por haber estado ahí siempre. Pido a Dios
que los bendiga, porque mi abuelo lo hizo conmigo.*
—ELSY

LA DECLARACIÓN UNIVERSAL de Derechos Humanos
(DUDH), en el artículo 16, punto 3, afirma que «la familia
es el elemento natural y fundamental de la sociedad y tiene derecho a la protección de la sociedad y del Estado». Sin lugar a
dudas, esta aseveración expresa la opinión de una inmensa mayoría alrededor del mundo. Así como la DUDH, muchos otros
documentos normativos que rigen la vida de los pueblos reconocen ese derecho.

La concepción de la familia como la institución central en la
sociedad, parte de una perspectiva funcional cuya premisa es que
la familia cumple objetivos de regulación de la vida sexual, re-
producción, socialización y seguridad integral de sus miembros.
Es ahí donde se cubren, en primera instancia, las necesidades básicas físicas, afectivas, emocionales, materiales y de protección
de las personas.

Cuando abordamos el tema de la familia, debemos tomar en
cuenta que, dada la enorme cantidad de formas familiares que
han existido y que existen, sus efectos sobre la sociedad son tan
variados como variadas son las formas en las que se organiza

la familia. Esto implica que cualquier cavilación sobre este tema deberá estar referida a una sociedad específica, en un tiempo determinado.

La familia está integrada por individuos vinculados por parentesco legal o por consanguinidad. El mejor diseño para la familia es el edificado bajo la figura del matrimonio. Bajo esta estructura familiar se cumplen mejor las funciones de procreación, ayuda y auxilio mutuo, y formación ciudadana. La familia es la que proporciona la socialización temprana de los individuos, en ella se trasmiten a las nuevas generaciones los valores y se fijan las formas de comportamiento para la sana convivencia.

Tipos de estructura familiar

Si bien la familia edificada sobre el matrimonio es la que propicia el mejor cumplimiento de sus funciones, no podemos obviar la diversidad de estructuras familiares presentes en la actualidad. Veamos algunas de ellas:

1. Familia nuclear unida en matrimonio: El fundamento es sólido porque está ligado por lazos de afectividad bajo el pacto del compromiso de permanecer juntos para toda la vida y del cuidado mutuo. También tiene como una de sus metas la procreación. Hay que puntualizar que los hijos de las familias bien pueden ser biológicos o adoptados.

2. Familia nuclear en unión de hecho: También está formada por el padre, la madre y los hijos de ambos, pero la pareja no está unida en matrimonio. La cohabitación puede ser un período transitorio o de prueba antes del matrimonio o una opción de la pareja. Algunos investigadores han señalado que cuando estas parejas se refieren a su estado suelen demostrar cierta ambigüedad, o sea, ante personas conocidas no se definen como «matrimonio», sino como «convivientes»; en cambio, ante desconocidos se definen como «marido y mujer» o con el término de «pareja». El lazo que los une puede ser frágil, por eso la recomendación es que puedan contraer

matrimonio lo más pronto posible. Y a pesar de la convivencia, es saludable llevar un proceso de consejería que les permita establecer un fundamento sólido.

3. Familia extensa o consanguínea: Está conformada, además de los miembros nucleares de la familia, por abuelos, tíos, primos u otros familiares. Algunos de los retos que puede enfrentar esta estructura familiar es la definición de roles de sus miembros, problemas asociados a la economía familiar y la distribución de tareas en el hogar; o bien, conflictos en cuanto a la autoridad. Dentro de esta clasificación también estarían contempladas aquellas familias en las que los niños no viven con ninguno de sus padres y la responsabilidad de su manutención, cuidado y formación ha recaído en otro familiar. Este es el caso de abuelos que crían a sus nietos, tíos que crían a sus sobrinos o hermanos mayores encargados de sus hermanos menores.

4. Familias monoparentales: Son aquellas en las que un progenitor convive con los hijos y se hace responsable de ellos. Esto se puede dar por diversos casos: ser madre soltera, abandono del hogar del padre o de la madre, divorcio, muerte de uno de los dos progenitores, inmigración, etc. En estos casos podría ser que el padre o la madre, aun cuando viva fuera del hogar, asuma parcial o plenamente todas o alguna de las responsabilidades económicas, emocionales y formativas de la prole. Los retos que enfrentan estas familias son distintos, de acuerdo a la particularidad de cada una de ellas; sin embargo, se distinguen problemas económicos, depresión en el progenitor que está directamente a cargo por sentirse excesivamente cargado de responsabilidad, dificultades a la hora de poner disciplina en la familia, problemas de conducta en los hijos, emancipación de los menores, etc. No obstante, es oportuno acotar que aunque estos problemas suelen darse con mayor frecuencia en las familias

monoparentales, no son exclusivos de ellas. Sin negar
que estén sometidas a más estrés y menos apoyo (al
ser un solo adulto quien se encarga de la mayoría o de
todas las responsabilidades), es necesario destacar que
las familias con ambos padres enfrentados en peleas
interminables pueden ser más problemáticas.

5. Familias reconstituidas o combinadas: Hablamos de
aquellas familias que inician con las segundas nup-
cias de los padres (o unión de hecho) y, por lo tanto,
un hogar conformado también por los hijos de cada
uno de los progenitores o, al menos, de uno de ellos,
y los procreados en la nueva unión. Este tipo de familias posee y enfrenta condiciones especiales en relación con el modelo convencional de familia nuclear.
Algunas de estas condiciones especiales se manifiestan
de una forma negativa y esto no por naturaleza, sino
por un mal manejo de los acontecimientos y de las in-
terpretaciones de lo que sucedió, sucede y sucederá en
estos procesos familiares. Así por ejemplo, los niños de
familias recién integradas que inician la convivencia
con su padrastro o madrastra, se pueden sentir dos
veces fracasados: primeramente por no haber sido capaces de ser los terapeutas de sus padres y también por
no haber podido evitar la segunda unión. Es posible
que el padrastro o la madrastra se vean expuestos a las
«facturas sin cobrar» de aquellos. Para añadir mayor
confusión a la escena, a menudo los niños heredan
hermanastros, de manera instantánea, relaciones para
las cuales no están aún preparados. Gran parte del impacto que recibe un niño ante tales circunstancias se
puede evitar si sus sentimientos son respetados, y si se
le habla con anticipación acerca de los planes futuros.
Por lo tanto, la situación será menos conflictiva si se
da un proceso gradual previo a la integración definitiva de la familia. Otro aspecto no menos importante
es el hecho de que el padrastro o la madrastra podrían
no recibir bien al hijo de su nueva pareja, para lo que

también sería útil un proceso de acercamiento previo a la unión amorosa. Es relevante tomar en cuenta que cuando se produce el nuevo emparejamiento de los padres, es cierto que los lazos entre el niño y la nueva pareja se afianzarán, ya que vivirán juntos, pero eso no debe implicar la sustitución del verdadero padre. Por ello, es básico, si hay voluntad de ambos progenitores, que sigan cumpliendo sus roles de padre o madre, incluso cuando no sea desde la unidad residencial. Es usual que el papel del padrastro o de la madrastra sea más bien incierto, ya que los derechos y deberes sobre el niño son limitados; empero, los tiempos juntos y la convivencia hacen que se generen vínculos, por lo que lo importante, en estos casos, es que cada uno sepa cuál es su papel en dicha situación.

DIFICULTADES QUE ENFRENTAN LAS FAMILIAS

Es obvio que numerosas familias, independientemente de su estructura, enfrentan serias dificultades y carencias. Cada vez con mayor frecuencia se observa el deterioro de los vínculos familiares, la disfuncionalidad en los hogares y su eventual desintegración.

Dentro de los flagelos que aquejan a las familias, se reconocen diversas problemáticas: violencia intrafamiliar, abuso de alcohol u otras sustancias, divorcio, embarazo adolescente, deserción escolar, por mencionar algunas. De la misma manera, y vinculados a estos problemas, numerosos factores de carácter más exógeno golpean a nuestras familias, tales como desempleo, desigualdad social, pobreza, violencia social, deterioro de servicios básicos de educación y salud, etc.

Claramente, es posible deducir que, de acuerdo al tipo de estructura familiar, se tenderá a enfrentar retos particulares inherentes a cada una de ellas; sin embargo, más que la estructura, será la capacidad que tenga cada familia como unidad lo que definirá si, en medio de esas dificultades, se desarrollará o no como una familia funcional y saludable. Por ejemplo, se ha comprobado que el rendimiento escolar es superior cuando el grado de apoyo, de estímulo y de salud general de la base familiar es fuerte, lo que previene la deserción de las aulas.

Por otro lado, estudios en diferentes países indican que el índice de delincuencia, consumo de drogas y embarazo adolescente disminuye cuando se dan esas condiciones familiares ventajosas.

Sin embargo, cuando la familia enfrenta problemas y dificultades, estos se reflejan rápidamente en la conducta de sus miembros. Así que de manera paralela, la criminalidad aumenta en familias desarticuladas y con resentimientos profundos. El índice de suicidio se incrementa cuando la familia enfrenta conflictos que la desintegran, lo que no sucede cuando la familia es fuerte emocionalmente.

Familias saludables

La familia está compuesta por personas con características diferentes, momentos emocionales distintos y en constante cambio. No existe la familia perfecta, pero sí la familia fuerte, y es aquella que ha sido capaz de adaptarse a los cambios que vive, incluso por el mismo ciclo de la vida: no es igual un matrimonio sin hijos que con ellos, o un matrimonio que ha invertido todas sus fuerzas, recursos y tiempo en educar a los hijos y, de repente, todos se marchan de casa y queda el nido vacío.

Y como no existe la familia perfecta, debemos amar a la que tenemos, y amar significa hacer algo importante por alguien a quien consideramos valioso.

Si demostramos que amamos y aceptamos a todos en casa, generamos un ambiente que nos hace desear estar cerca. Tal y como lo instruye el apóstol Pedro:

> «No devuelvan mal por mal ni insulto por insulto; más bien, bendigan, porque para esto fueron llamados, para heredar una bendición. En efecto, "el que quiera amar la vida y gozar de días felices, que refrene su lengua de hablar el mal y sus labios de proferir engaños"».
> —1 Pedro 3:9-10

Todos debemos procurar tener una familia en donde el ambiente sea agradable. Un lugar que nos haga sentir seguros y confiados. Pero la ira, la crítica constante, el egoísmo, el rechazo y la agresión lastiman cualquier relación. Tenemos que decidir eliminar lo que nos distancia, porque nos amamos y seguiremos siendo familia el resto de la vida.

El éxito de las relaciones en la familia dependerá de la habilidad de percibirnos correctamente. Las personas valemos por lo que somos y no por nuestra apariencia, logros o etapas que estemos viviendo. Ninguno de nosotros es perfecto, tenemos momentos emocionales complicados, y esto requiere un alto nivel de tolerancia.

¿CÓMO PODEMOS HACER PARA TENER UNA FAMILIA SALUDABLE?

- Acepte y admire a cada miembro de la familia: sin darnos cuenta, con el paso del tiempo, podemos descuidar el respeto y la admiración que merecen los miembros del hogar, o ponemos en segundo plano a la hija tímida, al hijo poco atractivo, al poco inteligente, al que «nos hace quedar mal» por su hiperactividad. Es fácil tener un hijo favorito, pero más fácil es rechazar.

- Aumente el honor y disminuya la ira: aumentar el honor y disminuir la ira constituye la base de todo hogar y de toda relación saludable, pues el honor fortalece el amor, pero la ira lo mata.

- Conceda a quien ama un lugar de importancia en su vida.

- Asegúrese de que su familia se sienta segura, eso los hace sentir valiosos.

- Anticipe los momentos difíciles.

- Dialogue más: los gritos no llevan a ningún lado.

- Escuche, comprenda, identifíquese: su cónyuge y sus hijos tienen algo valioso que decir.

- Admita que se equivocó: admitir que nos equivocamos restituye el valor de la persona amada.

- Pida perdón: si no lo hacemos, la otra persona quedará sintiéndose violentada, herida y disminuida.

- Resuelva las diferencias y los problemas, no permita que se acumulen. Clarifiquen el tema, busquen alternativas, no lastime mientras discuten, decidan qué hacer y ejecuten lo acordado.

- Planifique actividades en familia: si lo hacen regularmente, las relaciones se fortalecen y sus integrantes experimentan un sentimiento de cercanía.

- Tenga proyectos compartidos: esto obliga a dialogar, ponernos de acuerdo, estar emocionados y trabajar en equipo.

- Insista en amar a su familia.

LA IMPORTANCIA DEL AMOR

Con el paso de los años, la única relación que permanece es la de la familia. Por eso debemos mantener un vínculo fuerte con cada miembro que la conforma.

La capacidad que hemos tenido de amar a los nuestros es el verdadero éxito que alcanzamos en la vida, y las familias que tienen éxito son aquellas en las que los niños no tienen duda de que sus padres o quienes están a su cargo los aman y aman a los demás miembros del hogar.

El amor se debe expresar abiertamente: las familias saludables expresan el amor en una forma abierta. Muchas veces, nuestra comunicación en casa es solo para corregir, dar instrucciones o transmitir a gritos lo que deseamos que otros hagan. ¿Pero sabe? Ha llegado el momento de decir: «Te amo», «te extraño», «¿cómo estás?», «¿cómo te fue?». Solo porque simplemente nos amamos.

El amor que identifica a las familias saludables tiene las siguientes características:

- El amor es un acto que eleva la dignidad de la persona amada y refuerza su valor personal.

- El amor se expresa como un acto natural y espontáneo.

- Las familias saludables son aquellas que demuestran el amor abiertamente, expresan afecto de manera explícita y la pareja demuestra el amor romántico con naturalidad.

- El amor es incondicional. Casi todos creemos que el amor depende de cierto tipo de comportamiento, que está condicionado: «Te voy a querer mucho si te portas bien» o «Si sacas buenas calificaciones en la escuela, voy a estar muy orgulloso de ti». Pero el amor no se condiciona: nos amamos porque somos las personas que somos, no por lo que hacemos.

- El amor y la aceptación permiten la individualidad de cada miembro de la familia, al que se respeta con esa individualidad. Nuestros niños no pueden llegar más allá de las expectativas que tenemos de ellos. Ellos son ellos y nosotros somos nosotros. El amor no hace sentir a nadie como un fracasado, que no sirve para nada, o que es poco atractiva o atractivo, o poco inteligente.

- El amor permite que confiemos en los demás, lo que les permite crecer.

- El amor no se separa del respeto por el otro. Todas las personas necesitamos sentirnos respetadas. Los hijos no solo necesitan ser amados, sino también respetados. Frecuentemente nos encontramos con niños que han sido irrespetados, atropellados y amedrentados y por ello son niños que se sienten inferiores. El resultado es un sentimiento de baja estima que, además de lastimar, les trunca el desarrollo emocional que los habilitará para desenvolverse en cualquier área de la vida.

- El amor y el respeto forman niños que saben tener criterio propio, a quienes les es más fácil resistir la presión de grupo y que se sienten en la libertad de expresar lo que piensan y sienten.

- En el amor se respetan las cosas de los demás. Hay niños que provienen de hogares en los que no se hace una distinción clara entre las pertenencias de uno y de otro. Frecuentemente estos niños no poseen algo en particular y no se les ha enseñado a respetar

la propiedad ajena. En estos hogares se les permite a
los niños usar las cosas que les pertenecen a otros sin
tener la consideración de pedir permiso para hacerlo.
Este tipo de actitud no permite que comprendan su individualidad ni que reconozcan que son personas especiales, diferentes a los demás.

- Pero también, el amor es desinteresado, no es egoísta;
  por lo que no hay obstáculos en compartir lo que es de
  cada uno, lo que permite formar personas solidarias.

La importancia de la comunicación

Las familias saludables confrontan los problemas de una forma
abierta, encaran los conflictos tal y como sucedieron, sin ser in-
fluenciados por las emociones que estos causaron, y saben pedir
perdón.

El concepto se llama «firmeza amorosa» y es la capacidad de
expresar lo que sentimos y pensamos mientras generamos el espacio para que nuestra familia lo haga también.

En las familias saludables no es necesario dar un discurso
sobre el significado de la palabra amor, todo lo que hacen es
amar. Tampoco necesitan una charla sobre lo bueno del perdón,
solo perdonan y piden perdón cuando es necesario. Saben que
un padre o una madre no pierden su fuerza moral cuando piden
perdón a un hijo.

Puede que su hijo le haya dicho una mentira, pero eso no lo
convierte en un mentiroso. Puede que su hijo lo saque de sus casi-
llas todos los días, pero lo cierto es que todavía es un niño (él necesita verse con esperanza y estas cosas dejarán de ser algún día).
Es posible criar hijos sin experimentar un constante desaliento si
se conoce el método de una saludable comunicación. En las familias saludables se caracteriza por:

- Esperar el momento oportuno.
- Tener claro el mensaje que deseamos comunicar.
- Escuchar y pensar antes de hablar.
- Permitir la libre opinión.

- Argumentar y permitir argumentar.
- Evitar el juzgamiento y la intimidación.
- Controlar las emociones.
- Dar paso al respeto y a la cortesía.

LA IMPORTANCIA DE LOS LÍMITES

Desde que el niño nace hasta que cumple la mayoría de edad necesita saber exactamente cuáles son sus límites. Esto se refiere a las consecuencias que el niño o joven sufrirá «si pasa al otro lado de la cerca» que se le ha señalado. En una familia saludable, los niños viven los límites con una disciplina firme y amorosa. Pero más importante aún es que aprenden a partir del ejemplo recibido en casa: su primer impulso será imitar lo que ven, y si lo que ven es una figura de autoridad presente, amorosa y racional, no tendrán mayores obstáculos en respetar los límites y la disciplina que se vive en casa. Otro aspecto es que quienes ejercen autoridad sobre ellos, rol natural del padre y de la madre en el caso de una familia nuclear, están de acuerdo en todo después de haber establecido y explicado todas las reglas del hogar.

CONSEJOS PRÁCTICOS PARA LOGRAR ESTABLECER UNA FAMILIA SALUDABLE

- Escuche antes de hablar. El poner atención cuando algún miembro de la familia habla propicia un ambiente de respeto y comprensión. Todas las personas necesitan sentirse escuchadas y valoradas.
- No se enoje, pregunte para aclarar y asegúrese de que comprendió correctamente. Quien se enoja pierde.
- Exprese de buena manera sus desacuerdos o disgustos, no acumule. Lo que duele y se guarda produce resentimiento y dolor.
- Cuando discutan en casa, recuerde que el secreto es tener presente que continuamos juntos, por lo que hay que evitar decir algo que lamentemos por mucho

tiempo. Enfóquese en la situación con el propósito de resolverla y sin atacar a la persona.

- Negocie, no sea inflexible; aprenda a reconocer cuándo debe ceder.

- Las diferencias permiten ser un equipo, no rivales. Cuando se aceptan las diferencias individuales entre los miembros de la familia, se genera un ambiente de respeto. El pretender cambiar a la persona que se ama provoca frustración y decepción. La riqueza de una familia estriba en la capacidad de reconocerse mutuamente.

- Cumpla las promesas y los compromisos que asume con los miembros de la familia: con su pareja, con sus hijos, con sus hermanos, con sus padres; esto brinda un sentimiento de seguridad, y la persona se sabe importante y se siente amada.

- No absorba a los miembros de la familia: ofrezca el espacio necesario para que cada uno se sienta libre y respetado.

- El buen sentido del humor es la mejor medicina para aliviar tensiones y hacer más agradable la convivencia familiar.

- Exprese cariño física y verbalmente: un abrazo, un beso, un «te amo», un «te necesito». Una expresión de cariño sana enfermedades, aliviana las tensiones y eleva el ánimo.

- Sea espontáneo y generoso.

- Hable bien de los suyos, en presencia de ellos y cuando no están. Hablar bien de los que se ama fortalece la confianza y eleva la autoestima.

- Toda palabra que salga de su boca que sea para dignificar, confortar, fortalecer y animar.

Capítulo 2
¿ES MI FAMILIA DISFUNCIONAL?

¡Qué difícil es cuando uno es el pilar, que si no trabajas, tus hijos no comerían y no tendrían sus cosas! A veces, como madre, se te parte el alma deseando estar con tus hijos y no puedes porque la mayor parte de tu tiempo lo tiene el trabajo. Lo más lamentable es saber que ellos son niños y no entienden, y psicológicamente les afecta porque nuestra ausencia los hace sentirse solos aunque una esté ahí. Más aún si también por la infancia que tuvimos no somos muy comunicativos. Ellos saben que una los ama y, en ocasiones, cuando estoy entrando, han dicho: '¡Qué feliz me siento de que estás en casa!', pero esas frases traspasan el alma y es cuando te sientes impotente de saber que hay que trabajar para mantenerlos y estar ausente.
—MARLENE

COMO BIEN SEÑALA la Real Academia Española, una disfunción es un «desarreglo en el funcionamiento de algo o en la función que le corresponde». Pues, precisamente así es como se define lo que es una familia disfuncional: una familia que no funciona efectivamente o que tiene dificultades para hacerlo.

En una familia funcional, no se trata de que haya ausencia de diferencias, conflictos y enojos, porque sí los hay; se trata de que, cuando estos aparecen, primero, no son la constante y, segundo, sus integrantes tienen la capacidad de hacerles frente.

La funcionalidad de una familia no está determinada por la composición de sus miembros, sino por cómo se comportan los que la componen. Por ejemplo, puede ser que una abuela sea quien eduque a sus nietos y esta familia se comporte saludablemente, prime el respeto y la cooperación y no impere el caos o la agresión. Como también puede ser que una familia tradicional,

13

conformada por padre, madre e hijos, viva relaciones llenas de violencia o de abandono. Suele pasar que uno o más de sus miembros presentan ciertos comportamientos nocivos que afectan a los otros. Y no solo les afecta, todo y todos giran alrededor de ello. Las familias disfuncionales se manifiestan en cualquier estrato social y no tienen un perfil económico o educacional, es más bien una conducta aprendida, un patrón al que se han acostumbrado. En la Biblia encontramos familias disfuncionales de las cuales podemos aprender para no cometer los mismos errores. La de Isaac y Rebeca es una de ellas, porque para Isaac, Esaú era su hijo favorito y para Rebeca, Jacob. Es esta preferencia la que lleva a la familia a vivir el dolor del odio, el rencor y el alejamiento.

> «Los niños crecieron. Esaú era un hombre de campo y se convirtió en un excelente cazador, mientras que Jacob era un hombre tranquilo que prefería quedarse en el campamento. Isaac quería más a Esaú, porque le gustaba comer de lo que él cazaba; pero Rebeca quería más a Jacob».
>
> —Génesis 25:27-28

Es fácil tener un hijo favorito, pero es más fácil rechazar. Solo que las consecuencias del rechazo podrían producir fracturas profundas en la familia. En el caso de Esaú, odió a su hermano Jacob y planeó matarlo. Esa fue la razón por la cual Jacob vivió muchos años lejos de casa, con pánico, y ausente del amor de sus padres. Isaac y Rebeca también se perdieron el privilegio de ver a sus nietos crecer. Pero el deseo de Jacob de regresar a casa fue más fuerte que el miedo, y fue así como, guiado por la mano de Dios, regresó a su tierra natal, a donde pertenecía; porque no importa lo lejos que estemos, cuando la familia está dividida, necesitamos la reconciliación.

Cuando nos buscamos y tenemos la actitud correcta podemos vivir la reconciliación y terminar con la disfuncionalidad en la familia. Es, entonces, cuando la familia no se impone, no se manipula; es, entonces, cuando la familia se acepta, se respeta y se ama tal cual es.

Veamos cómo fue ese encuentro entre Jacob y Esaú:

«Cuando Jacob alzó la vista y vio que Esaú se acercaba con

cuatrocientos hombres, repartió a los niños entre Lea, Raquel y las dos esclavas. Al frente de todos colocó a las criadas con sus hijos, luego a Lea con sus hijos, y por último a Raquel con José. Jacob, por su parte, se adelantó a ellos, inclinándose hasta el suelo siete veces mientras se iba acercando a su hermano. Pero Esaú corrió a su encuentro y, echándole los brazos al cuello, lo abrazó y lo besó. Entonces los dos se pusieron a llorar. Luego Esaú alzó la vista y, al ver a las mujeres y a los niños, preguntó:

—¿Quiénes son estos que te acompañan?

—Son los hijos que Dios le ha concedido a tu siervo--respondió Jacob.

Las esclavas y sus hijos se acercaron y se inclinaron ante Esaú. Luego, Lea y sus hijos hicieron lo mismo y, por último, también se inclinaron José y Raquel.

—¿Qué significan todas estas manadas que han salido a mi encuentro? —preguntó Esaú.

—Intentaba con ellas ganarme tu confianza contestó Jacob.

—Hermano mío, repuso Esaú, ya tengo más que suficiente. Quédate con lo que te pertenece.

—No, por favor —insistió Jacob; si me he ganado tu confianza, acepta este presente que te ofrezco. Ya que me has recibido tan bien, ¡ver tu rostro es como ver a Dios mismo! Acéptame el regalo que te he traído. Dios ha sido muy bueno conmigo, y tengo más de lo que necesito.

Fue tanta la insistencia de Jacob que, finalmente, Esaú aceptó. Más tarde, Esaú le dijo:

—Sigamos nuestro viaje; yo te acompañaré.

Pero Jacob se disculpó:

—Mi hermano y señor debe saber que los niños son todavía muy débiles, y que las ovejas y las vacas acaban de tener cría, y debo cuidarlas. Si les exijo demasiado, en un solo día se me puede morir todo el rebaño. Es mejor que mi señor se adelante a su siervo, que yo seguiré al paso de la manada y de los niños, hasta que nos encontremos en Seír (Génesis 33:1-14).

Madurez es reconocer que cada familia tiene su propio paso, ritmo y forma de ser. Así lo expresó Jacob: «Es mejor que mi señor se adelante a su siervo, que yo seguiré al paso de la manada

y de los niños, hasta que nos encontremos en Seír». Camine paso
a paso hasta que llegue. No asuma la velocidad de otra familia.
Cada familia tiene sus tiempos, su estilo, y usted tiene que distinguir el paso que está viviendo la suya. Hay momentos en los que
todo el tiempo es de ustedes como matrimonio. Pero hay otros
cuando toda la energía la consumen los hijos. Hay que acompañarlos, llevarlos, hacer tareas, trabajos escolares, transportar
compañeros y correr a los entrenamientos. Nuestro ritmo tiene
un nombre: «hijos». Hay tiempo de preocuparse hasta por el más
mínimo detalle, y hay tiempo de soltarlos. ¿Cuál es el tiempo que
está viviendo su familia? Vaya paso a paso hasta que llegue.

Tenemos que reconocer que cada familia tiene su propia realidad, por eso la familia no se compara, se acepta y se disfruta;
porque cada familia es única, particular y diferente.

Nuestra familia es para ser cuidada, protegida y amada. Por
eso somos nosotros los responsables de velar por su salud. Bien
dijo Jacob: «Si les exijo demasiado, en un solo día se me puede
morir todo el rebaño». Valoró su familia porque le costó vein-
tiún años de duro trabajo y esfuerzo. El amor que usted tiene por
su familia lo mide el nivel de sacrificio que haga por ella. Sin sacrificio, no hay amor. Sacrificio implica respeto, fidelidad, lealtad,
perseverancia, trabajo y ahorro.

PROBLEMÁTICAS QUE VIVEN LAS
FAMILIAS DISFUNCIONALES

Como una familia disfuncional es el reflejo de una o varias problemáticas que enfrenta uno o más miembros del hogar, veamos
algunas de esas problemáticas:

- Adicción (al alcohol, drogas, otras sustancias o, incluso,
  a ciertos comportamientos: pornografía, apuestas, etc.).
- Agresión y abuso físico, emocional, sexual, patrimonial.
- Pobre control de la ira.
- Baja tolerancia e impaciencia a la postergación de
  gratificaciones.

- Trastornos emocionales severos (depresión, asuntos pendientes, cambios emocionales impredecibles, frustración).

- Enfermedades mentales no tratadas (trastornos de personalidad, bipolaridad, esquizofrenia, paranoia).

- Mentiras y manipulación.

- Sobreprotección.

- Perfeccionismo o autoritarismo, acompañados de conductas controladoras, crítica constante o normas irracionales.

- Preferencias en los hijos (al punto de quitar a uno lo que pertenece al otro).

- Hermanos mayores que reciben excesiva responsabilidad sobre sus hermanos menores.

- Obligar a un niño a realizar actividades para las que no está calificado (que, teniendo 5 años, cuide a su hermanito menor; que un niño sea obligado a realizar trabajos de adultos).

- Indiferencia y apatía.

- La no disponibilidad de los padres para los hijos o la situación de hijos que se convierten en sus padres por la inoperancia de estos.

- Amargura, odio y ser vengativo.

- Incongruencia por tener un doble sistema de valores: decir una cosa y hacer otra.

- Avaricia, que con su actitud no satisface ni las necesidades mínimas de los niños («tenemos que ahorrar y ahorrar, no podemos gastar nada»).

¿QUÉ PRODUCEN ESAS PROBLEMÁTICAS EN EL INTERIOR DE LA FAMILIA?

- Gritos, pleitos, mala conducta y conflictos que imperan, convirtiéndose en algo que nunca se resuelve, en la constante (eso es lo normal).

- Falta de respeto, humillaciones, burla, ridiculización, desprecio, descalificación.
- No existen límites, por lo que domina el caos.
- El comportamiento abusivo y el caos se ven como algo normal.
- Ausencia de comprensión o identificación, a veces, con algunos miembros de la familia, mientras que se da una excesiva atención a otros.
- Sentimientos de soledad y de impotencia.
- Culpa y codependencia.
- Temor de hablar con otros lo que sucede en el hogar.

ALGUNAS CONSECUENCIAS EN HIJOS DE HOGARES DISFUNCIONALES

En los hogares disfuncionales siempre habrá consecuencias que impacten a los menores, ello dependiendo de la vivencia que se tenga en cada hogar en particular. Pero es preciso decir que la constante, sin importar el contexto, es que ellos, al crecer, piensan que eso es «lo normal» y tenderán a repetir esas vivencias en sus relaciones de amistad, noviazgo o matrimonio, a menos que asuman conciencia de ello, como Rita, la joven a la que escuché decir a su padre: «Papá, no me grites; eso me hace pensar que es lo normal, y me será fácil aceptar, cuando me case, que mi esposo me grite y me maltrate».

Veamos algunos ejemplos de familias disfuncionales y sus efectos en los niños:

- En el caso de los hogares perfeccionistas, donde todo debe estar en un orden perfecto, en nombre del prestigio o de la apariencia, impidiendo que los hijos se equivoquen; o en el caso de las familias disfuncionales donde imperan los caprichos de los adultos a cargo sobre los deseos lógicos y naturales de los niños, lo cual puede generar personas inseguras y temerosas.
- En el caso de las familias disfuncionales donde existe claramente un favorito, esto va a producir que las necesidades del «no favorito» no sean atendidas. Y está más

que comprobado que si nuestros hijos son privados de afecto, atención, aceptación y apoyo, ponemos en riesgo su salud emocional. Otro caso es cuando en casa se premia el mal comportamiento para evitar los gritos o las rabietas de los niños: inconscientemente, el hijo «que se porta bien» ve el favoritismo que se tiene por el «tigre» de la casa.

- La disfuncionalidad se puede manifestar también cuando se dan peleas interminables entre los padres y los hijos adolescentes, producto de la brecha generacional. Estos choques lastiman mucho.

- Otro ejemplo son los niños que crecen con sentimiento de aislamiento porque, en casa, «él sale sobrando», mientras los demás están absortos en una espiral de violencia.

- También habrá poca claridad de quién es el niño en su propia identidad cuando es desatendido porque sus padres están más enfrascados en sus propias peleas que en procurar el cuidado y el bienestar del menor.

- En los hogares disfuncionales donde los padres o adultos responsables no asumen el rol práctico y emocional que les corresponde, ello produce en los niños un sentimiento de abandono devastador difícil de superar con los años, ya que es un vacío que debía ser llenado primeramente en la infancia.

- También sucede eso cuando los hijos menores de edad son los que tienen que cuidar a los padres irresponsables o adictos. Esta alteración de los roles no es parte de una vida normal de una familia.

- Asimismo, si los padres impiden que el niño crezca y asuma la responsabilidad de cuidarse a sí mismo, impedirán que el hijo avance hacia la independencia y se mantendrá dependiente de sus progenitores. O al revés, aquellos padres que fuerzan al hijo a comportarse como adulto desde temprana edad, podrían crear personas temerarias que no atenderán consejo o no aceptarán ayuda porque «todo lo saben».

- Otro ejemplo se da cuando hay muchas «cabezas a cargo», como en el caso de la abuelita que vive con la hija y los nietos, formándose una lucha de poderes por ver quién está a cargo, produciendo rebeldía en los pequeños, que no saben a quién obedecer.

- Otro contexto son las familias divididas, que puede hacer que los hijos sean llevados de un lado a otro, según el conflicto existente, lo que genera inestabilidad en ellos.

- Otras consecuencias podrían ser: depresión; pensamientos suicidas; adicciones como un elemento de escape; conductas autodestructivas propensas a buscar pertenecer a pandillas para experimentar la sensación de ser parte de una familia; abuso con otros niños o timidez para forjar relaciones con sus pares; perder el contacto con la realidad, inventando fantasías que los alejen de su mundo caótico, o refugiarse en pasar muchas horas viendo televisión o navegando en la internet como una forma de evadir la situación que están viviendo; problemas en su rendimiento académico, producto de que son desatendidos, o por el estrés que viven; dificultades para expresar sus emociones porque los reprimen o por tener que soportar emociones muy fuertes de parte de los adultos a cargo; adoptar conductas de los adultos: mentir, manipular, gritar.

ROLES EN NIÑOS DE
HOGARES DISFUNCIONALES

Los niños en las familias disfuncionales son las víctimas silenciosas, porque tienen que escuchar las ofensas que se propinan entre los adultos o, incluso, hacia ellos y, en ocasiones, son instrumento para castigar a uno de sus progenitores. Surge desesperación, angustia y frustración de algo que perciben nunca terminará.

Para sobrevivir a ese mundo caótico, los miembros de las familias disfuncionales (los hijos, en particular) asumen ciertos roles. Algunos son:

- El niño mediador: es el que tiene que hacer el papel de conciliador y sirve de árbitro entre sus padres.
- El niño bueno: es el que asume el rol de los padres.
- El niño rebelde o problemático: está llamando la atención, producto de lo que está viviendo en su hogar. Es aquí donde los educadores se preocupan y tratan de mediar. Suele ser el «chivo expiatorio», aquel al que sus padres culpan de todo lo malo que ocurre en casa, en lugar de ver hacia sí mismos.
- El protector (o el guardián): es quien asume la responsabilidad del bienestar emocional de la familia o de proteger al más débil (suele hacerlo con la mamá víctima de abuso).
- El niño callado: es su manera de llevar las cosas en paz: cree que si no se mete en problemas, nadie se meterá con él y, además, cree evitar, con ello, los pleitos. Lo cierto es que, con su silencio, guarda el dolor que lleva por dentro. Se muestra distraído y se le escucha llorar en momentos de soledad. Puede ser muy sensible, pero probablemente crezca evitando forjar relaciones significativas y duraderas con otros.
- El niño payaso: es el que trata de hacer chiste de todo para alivianar la situación o distraer la atención de los problemas, pero lo que hace en realidad es disimular su dolor por no saber tratar con lo que está viviendo.
- El niño héroe: crea la ilusión de una familia perfecta, porque sobresale en todo; pero al crecer, se torna en una persona sumamente crítica de sí misma y perfeccionista, que tratará de evitar fracasar a toda costa.

Consejos para romper el ciclo de un hogar disfuncional

Las familias disfuncionales tienen comportamientos comunes y deben tratarse porque, de lo contrario, tienden a transmitirse a la siguiente generación, convirtiéndose en un estilo de vida para determinadas familias. Según estudios, a medida que la disfuncionalidad familiar aumenta, también lo hace la violencia intrafamiliar. De ahí la preocupación, a nivel social, de la dinámica en las familias disfuncionales.

Las familias disfuncionales viven en un ambiente donde la amenaza por desintegrarse está presente, pero no siempre ocurre porque las personas se acostumbran a vivir de esa forma. No obstante, la incidencia de divorcio es más alta en una familia disfuncional. En algunos casos, los padres que están en proceso de divorcio y viven en conflicto permanente propician un ambiente terrible para los hijos.

Joaquín Rocha, psicólogo especialista en Educación para la Comunicación, hace un aporte interesante en cuanto a consejos para romper el ciclo de un hogar disfuncional. A través del portal de la Editorial San Pablo, en la Argentina, Rocha señala puntualmente lo que Virginia Satir—terapeuta estadounidense, considerada por muchos como una de las figuras más relevantes en los métodos modernos de la Terapia Sistémica Familiar—propone (añadí algunos puntos adicionales):

- Asumir la existencia de un problema y no responder agresivamente a los intentos de ayuda que, casi siempre, provienen de las instituciones educativas.
- Escucharse unos a otros.
- Hablar claro y, al hacerlo, mirarse cara a cara.
- Ser honestos y sinceros entre sí, ser capaces de expresar sentimientos, pensamientos y opiniones libremente.
- Aceptar las diferencias, los desacuerdos y los errores de cada quien, con juicio crítico y respeto. Cada integrante de la familia debe entender que cada uno tiene su identidad personal propia y que debe ser aceptado por lo que es y no por lo que el otro desea que sea. Así, podrán ser admitidas las discrepancias sin que estas ocasionen conflictos: habrá libertad para encontrar soluciones.
- Reconocer la individualidad que fructifica, porque hace desarrollar inteligencias y fortalezas de cada quien.

- Promover la madurez y un ambiente cada vez más seguro.
- Suscitar armonía en las relaciones.
- Demostrar afecto y manifestar contacto físico unos a otros (besos, abrazos).
- Hacer planes juntos y disfrutar el compartir.

ES UN DERECHO VIVIR EN PAZ

Para el Estado mismo debe ser una prioridad buscar espacios que fortalezcan los vínculos familiares que procuren formar familias saludables y funcionales.

Todos necesitamos vivir en una familia donde el amor, la aceptación y la valoración se constituyan en lo normal. No significa que nuestra familia no tendrá problemas, pero sabremos resolverlos sin herirnos y sin humillarnos.

Las familias que funcionan saludablemente son aquellas en las que sus miembros se sienten seguros, confiados y afirmados por los demás.

Todos tenemos derecho a construir y a tener una familia saludable que goce de salud emocional.

Capítulo 3

CUATRO COSAS QUE DESTRUYEN UNA FAMILIA: INFIDELIDAD, AGRESIÓN, ABANDONO Y ADICCIONES

No me comparen con nadie, especialmente con mi hermana. Yo no soy ella. Eso duele mucho.
—LAURA

LA FAMILIA ES fundamental en cada persona. Es el núcleo más íntimo que tiene todo ser humano. Ahí, es donde adquiere sentido de pertenencia, recibe el afecto necesario para crecer en aceptación y reconocimiento y desarrolla sus habilidades primarias. Además, es la constructora de los recuerdos más importantes porque genera las emociones más intensas. Al crecer, las personas suelen desear construir una familia porque desean ser amadas y amar.

En el hogar, se muestra el camino hacia el desarrollo personal que nos permite construir sueños y se enseñan las primeras normas de socialización y urbanidad. La familia es la que impulsa hacia el futuro, guiándonos hacia la independencia que nos capacita para construir un proyecto de vida personal. Pero también, debemos reconocer que es, ahí, donde se gestan los dolores más profundos, que nos marcan y que son difíciles de superar. En la familia es donde se han generado los abusos más dañinos que se puedan imaginar; y tienen esta categoría porque vienen de las personas que jamás imaginaríamos que podrían lastimarnos, las personas que más amamos y las que se supone no deberían maltratarnos o traicionarnos porque son aquellas en quienes más confiamos.

Hay historias que evidencian el dolor que se produce en algunos hogares. Leamos, si no, la confesión de Luisa: «¿Por qué si es mi mamá no me puede abrazar? Cuando me acerco a ella, me quita con su mano. Cuando la abrazo, me dice que está cansada. ¿Qué le hice? ¿Por qué me hace esto a mí, que soy su única hija? ¿Por qué si soy buena hija, mi mamá no me puede abrazar?». Y si no, la de Álvaro: «Cuesta demasiado perdonar si es tu propia madre la que siempre te hace cosas que duelen. Es duro aceptar que tu madre no te ha querido nunca. Eso nunca lo entenderé. Me duelen sus acciones». ¿Y qué tal la de Ricardo: «Jamás pensé que tendría que llegar a esto, pero el otro día, cuando mi papá golpeó a mi mamá una vez más, me puse en medio y lo amenacé con un cuchillo. "Si la vuelves a tocar, te mato papá". Yo sé que es el alcohol lo que lo convierte en una fiera. ¿Por qué nos hace esto, si es mi papá, la persona que más amo y admiro?».

Son todas estas situaciones las que han lastimado a las personas y las han herido hasta tal punto que muchos odian a su familia, y otros tienen miedo de construir una. Pero en el fondo, todos deseamos sanar las heridas del pasado y recobrar la ilusión de formar una familia saludable.

Tristemente, muchos luchan hasta el fin de sus días para dejar ir los recuerdos dolorosos y el daño causado en todas las áreas de la vida. Algunos no lo logran. Pero otros pueden remontar la adversidad para levantarse como constructores de un nuevo amanecer, dejando de lado los traumas del ayer.

El dolor producido en casa suele ser producto de varios factores previsibles. Hay cuatro que son muy comunes: infidelidad, agresión, abandono y adicciones. Veámoslos en detalle.

1. LA INFIDELIDAD

Escuche lo que Gabriela tuvo que pasar: «Es duro vivir lo que vivo. Él se fue con mi mejor amiga. No le importaron los niños ni valoró los años que teníamos de estar casados. ¿Por qué nos hizo esto, si éramos felices? No me di cuenta de que poco a poco ellos se involucraron. Ahora, mis hijos me preguntan qué sucedió y yo no sé cómo explicarlo».

La infidelidad es más frecuente de lo que imaginamos. Por tradición, las mujeres la ocultan para evitar ser tildadas de «mujeres fáciles», ya que eso no se «espera» de la mujer; y los hombres alardean de ella, porque eso «demuestra» virilidad. Sin embargo, ello no es definitivo, puesto que las relaciones de infidelidad suelen gestarse y sostenerse en lo oculto o de manera «maquillada». Incluso, hay un chiste que dice: «Los hombres ocultan a sus amantes; las mujeres los presentan como amigos».

Las personas casadas serán probadas en este sentido, y tenemos que recordar que la infidelidad es la peor de las trampas para cualquier persona y la que más lágrimas ha propiciado en millones de hogares. Bien lo señala la Biblia:

> «Pero al que comete adulterio le faltan sesos; el que así actúa se destruye a sí mismo. No sacará más que golpes y vergüenzas, y no podrá borrar su oprobio».
>
> —PROVERBIOS 6:32-33

Ser infiel es enteramente una decisión que depende de cada uno de nosotros. Cada uno de nosotros es responsable de sus decisiones. Nadie puede culpar a otro por lo que hace y nadie puede culpar a la pareja de «provocar» que fuéramos infieles, sin importar las razones o las justificaciones que se traten de usar para culparla. Es un mito decir: «Él (o ella) no me daba lo que yo necesitaba». Todo adulto debe verse a sí mismo como una persona completa, plena y responsable de su vida (no significa que no tengamos dificultades y que no necesitemos ayuda en algún momento de la vida).

Capítulo aparte merecen las personas que son infieles como estilo de vida: ellas mismas lo reconocen y para nadie es un secreto. Si la infidelidad es un estilo de vida en esa persona, lo mejor será no buscarla como candidata para una relación de pareja estable. «Me ama y está enamorado de mí, por eso yo lo voy a cambiar», dice la persona ingenua, pero lo cierto es que nadie cambia a nadie, pues lo que usted ve es lo que recibirá mañana y, aun más, el tiempo acentuará las mañas. Si alguien quiere cambiar, es la persona misma la que debe hacerlo.

Contraria a la infidelidad está la fidelidad. La fidelidad es consecuencia de una relación de personas libres, que se saben seguras de sí mismas y de los que han decidido amar, y confían en ellos. Son personas con amor propio, autorespeto y autoconocimiento; y esa sana autoestima los lleva a tener relaciones interpersonales saludables, en las que inspiran respeto y confianza, y también, a construir un futuro estable y a sentirse amadas libremente. La práctica de la fidelidad en su mente, emociones y acciones les dará paz y realización, y los conducirá hacia la lealtad y la comprensión.

CONSECUENCIAS DE LA INFIDELIDAD

- La pareja y la familia quedan destrozadas; si no buscan ayuda para superarla (sea que la persona infiel se vaya o pida perdón y se quede), será difícil seguir como familia e, incluso, en el desarrollo personal de sus miembros.

- En los hijos, la desesperación llega a tal punto que la expresan de mil formas. Aun animan a los padres al divorcio, porque no toleran más los pleitos. Catalina expresó de sus padres: «Mis papás tienen cuarenta años de casados. Hace cuatro años, mi mamá se dio cuenta de que mi papá estuvo empezando una relación con una mujer más joven. Antes de que mi mamá se diera cuenta, mi papá tenía comportamientos extraños, como de un adolescente, y todo eso lastimó mucho a mi mamá. Desde ese entonces, la vida familiar es un infierno. Reconozco que mi papá tiene problemas con las mujeres y a veces es insensato. Mi mamá vive amargada, odia a las mujeres deportistas que salen en el noticiario; uno no puede conversar sobre cualquier tema porque ya el tema de los hombres mayores con jóvenes sale a relucir. Cada vez que puede le tira indirectas y le dice cosas sumamente hirientes a mi papá, aunque él no esté haciendo nada. Todo lo que hace mi papá le molesta. A mí esto me afecta porque vivo con ellos y todos los días es la misma historia. Mi mamá se enoja conmigo cuando le digo que ella debe decidir perdonar y olvidar o dejar a mi papá y vivir tranquila. Yo le he dicho mil veces que si ella no va a lograr superar eso que mejor se separen, pero siempre busca argumentos. Le ruego que me aconseje cómo debo proceder con respecto a ellos dos; no quisiera que se separaran, pero juntos no viven en tranquilidad y yo tampoco. Esto me duele mucho, ya no sé qué hacer, estoy desesperada».

- Tanto la persona infiel como su pareja tienden a experimentar sentimientos de soledad o de culpa.

- Se pierde la confianza en la persona que fue infiel y, de paso, en las personas que están alrededor.

- La persona que sufrió la infidelidad de su pareja se aferra de manera insana a los demás, por temor a otra infidelidad o abandono.

- La persona infiel se arriesga a perder el respeto de su familia.

- La persona infiel se torna mentirosa y pierde credibilidad.

- Quien practica la infidelidad, afecta sus finanzas (que son las del hogar).

- La persona infiel pone en riesgo su proyecto de vida.

- Difícilmente una relación que nació a partir de la infidelidad logrará prosperar, pues el temor a que suceda lo mismo estará presente, ello sin dejar de mencionar que una vez apagado el deseo de lo prohibido, el vínculo suele irse en picada.

- Si es recurrente, es lo que se enseña a los hijos para sus futuras relaciones: o serán infieles o «aguantarán» la infidelidad del cónyuge solo porque sí, como algo «natural».

¿Cómo proteger el hogar de la infidelidad?

No hay matrimonio que no tenga dificultades y todos podríamos tener una excusa para ser infieles. Pero como vimos, las consecuencias de una infidelidad pueden ser devastadoras y marcar generaciones completas. No somos fieles porque no tengamos problemas, nos mantenemos fieles al matrimonio porque lo hacemos con nosotros mismos y es un valor que hemos abrazado como propio. Vea qué hermoso lo que señala la Biblia:

«¡Bendita sea tu fuente! ¡Goza con la esposa de tu juventud!
Es una gacela amorosa, es una cervatilla encantadora. ¡Que
sus pechos te satisfagan siempre! ¡Que su amor te cautive
todo el tiempo!».

—Proverbios 5:18-19

Habiendo dicho esto, podemos decir que es otro mito pensar
que si amamos a nuestro cónyuge no seremos atraídos por alguien
más. Los sentimientos hacia otra persona se pueden desarrollar
cuando estamos en una situación que nos pone en contacto frecuente con ella. Puede ocurrir entre compañeros de trabajo, jefe y
subalterno, vecinos, amigos de larga data, etc. En esos escenarios
existe la oportunidad de que se desarrollen la atracción, el afecto
y el cariño. Puede parecer muy natural y casi irresistible. Es fácil
ilusionarse si, además, el otro es alguien interesante, amable o
atractivo. Ello sin mencionar el aspecto de la «novedad» que, de
paso, oculta imperfecciones y disfraza consecuencias. Por eso, el
primer paso para mantener los ojos abiertos es reconocer nuestra
propia vulnerabilidad, reconocer que sí podría pasar. De hecho,
desde la antropología, los seres humanos somos polígamos por
naturaleza, de ahí la importancia del compromiso y la honestidad
con nosotros mismos primeramente. Es más, el problema no es
encontrar encantadora a otra persona que no sea la pareja, eso
no tiene nada de incorrecto ni extraño: personas encantadoras
hay miles y qué bueno que las haya. Lo peligroso es albergar en
la mente y en el corazón sentimientos y emociones por ese otro,
que vayan más allá de la admiración. Debemos ser sinceros y valientes para reconocer, ante nosotros mismos, que nos está pasando eso. Ese sería el segundo paso.

Lo tercero es que, como todos estamos expuestos a situaciones
como estas, después de reconocer ante nosotros mismos que se
ha encendido esa luz de alarma, por favor, en ninguna circunstancia, hablemos de esos sentimientos y emociones despertadas
en nosotros con esa persona que nos ha empezado a atraer. El
cuento aquel de que tenemos que ser sinceros y decir todo lo que
pensamos y sentimos solo es una puerta abierta o una excusa
para que suceda lo que no sucedería si no abriéramos la boca. Por
favor, ¡no caiga en esa tentación! Así lo advierte Santiago:

> «Dichoso el que resiste la tentación porque, al salir aprobado, recibirá la corona de la vida que Dios ha prometido a quienes lo aman. Que nadie, al ser tentado, diga: "Es Dios quien me tienta". Porque Dios no puede ser tentado por el mal, ni tampoco tienta él a nadie. Todo lo contrario, cada uno es tentado cuando sus propios malos deseos lo arrastran y seducen. Luego, cuando el deseo ha concebido, engendra el pecado; y el pecado, una vez que ha sido consumado, da a luz la muerte».
>
> —Santiago 1:12-15

El cuarto punto requiere más valor: huyamos por la izquierda. Reconozcamos cuándo nuestra vulnerabilidad se encuentra amenazada por la atracción y actuemos antes de que nos traicionemos a nosotros mismos. Abramos los ojos cuando, por ejemplo, queremos ver a alguien que nos agrada mucho y propiciamos espacios o escenarios para lograrlo, además de recibir y de hacer llamadas frecuentes. Quien abre la boca y, además, no huye, cae irremediablemente en este proceso: cercanía → confianza → atracción → fantasía → deseos incontrolables → confesar la atracción → consumación → lamento → pérdida y desequilibrio emocional. Bien ilustra el sabio Salomón lo que es el sufrimiento a causa de no haber huido por la izquierda:

> «Aléjate de la adúltera; no te acerques a la puerta de su casa, para que no entregues a otros tu vigor, ni tus años a gente cruel; para que no sacies con tu fuerza a gente extraña, ni vayan a dar en casa ajena tus esfuerzos. Porque al final acabarás por llorar, cuando todo tu ser se haya consumido».
>
> —Proverbios 5:8-11

Por último, no seamos ingenuos: si nosotros o nuestros amigos perciben comportamientos inadecuados de nuestra parte hacia alguna persona que podría llevarnos a ser infieles a nuestro cónyuge, no desestimemos esas advertencias y tomemos medidas inmediatas. Que no digamos después lo que el sabio de Proverbios ya sabía:

> «Y dirás: "¡Cómo pude aborrecer la corrección! ¡Cómo pudo mi corazón despreciar la disciplina! No atendí a la voz de

mis maestros, ni presté oído a mis instructores. Ahora estoy al borde de la ruina en medio de toda la comunidad"».

—Proverbios 5:12-14

Algunos consejos prácticos

- No dejemos de admirarnos mutuamente como pareja.
- Aprendamos a divertirnos juntos. Eclesiastés 9:9 no duda en afirmar: «Goza de la vida con la mujer amada cada día de la fugaz existencia que Dios te ha dado en este mundo (...)».
- Persigamos intereses comunes y desarrollemos proyectos.
- Procuremos una vida plena y satisfactoria en pareja en todas las áreas, incluyendo la sexual.
- Cuidemos la privacidad del hogar.
- Seleccionemos bien a los amigos: si nos estimulan a la deslealtad, alejémonos.
- No frecuentemos lugares que no convienen.
- Resolvamos conflictos y desilusiones; no acumulemos resentimiento.
- Recordemos los buenos momentos que ambos hemos vivido.
- Seamos conscientes de que nuestros sueños y planes pueden obstaculizarse y verse truncados por una aventura.
- Renovemos continuamente el pacto de fidelidad, lealtad, respeto, amor y confianza con nuestro cónyuge.
- Cultivemos una buena, franca y profunda comunicación con el otro: digamos lo realmente importante; soltemos, pero no nos prestemos para «mal informar» o decir cosas que no son, seamos sensatos; por ejemplo, si un amigo(a) nos da un cumplido, no vayamos a decirle a la pareja que esa persona nos está coqueteando. Si de corazón huimos por la izquierda cuando

había que huir, no metamos temores infundados en la
relación de cosas que no pasaron.

- Valoremos lo que tanto nos ha costado. Reflexionemos,
construir un hogar no es cosa fácil. Hagamos una lista
de lo que perderíamos si somos infieles.

2. La agresión

Es triste saber que, a pesar de todos los adelantos, la humanidad
sigue agrediéndose; y la agresión que más duele es la que se produce en el hogar. Es una concepción equivocada de lo que significa la familia, y no poner límites es lo que hace que el abuso y la
agresión crezcan. Esta ha llevado a muchas personas a la cárcel
y a sus familiares al hospital, o bien, al cementerio. La mayoría,
cuando toma conciencia de lo que hizo en un arranque de ira, experimenta dolor y remordimiento y tiene que convivir con consecuencias lamentables. ¿Cómo no, si lastimaron a las personas que
decían amar?

En toda relación donde media la agresión y la violencia, una
persona amenaza constantemente a la otra, la lastima emocional,
física, sexual, ideológica o patrimonialmente. Esto es diferente a
lo que ocurre ocasionalmente, como una pelea, enojarse o discutir. Además, en una relación violenta está presente el miedo a la
otra persona y el sentimiento de inseguridad es el que permanece.

La violencia no se puede dejar pasar, no importa cómo se presente: disminuir a la pareja con actitudes negativas, gritos, amenazas, insultos, humillaciones y burlas; sacudir, pellizcar, cortar
con un cuchillo, patear, golpear con el puño o el pie, o con alguna
cosa, tirar objetos a la otra persona, forzar al otro a mantener
relaciones sexuales sin su consentimiento porque «le pertenece»
(aunque nadie es objeto para pertenecer), manipular mediante la
fe o creencias religiosas, derrochar el dinero del cónyuge, etc.

Lo cierto es que la persona agresora posee un pobre control de
impulsos y es la única responsable de sus actos. En ninguna circunstancia puede ampararse en una afirmación como esta: «Ella
(él) me provocó», pues nadie «provoca» a nadie, a menos que así
lo permita. Cada uno es dueño de sí, no del otro.

Las personas con pobre control de impulsos deben pedir ayuda para el manejo de la ira, y las personas con rasgos codependientes, quienes suelen ser sus parejas, deben buscar apoyo para dejar atrás el afán de ser «esa persona adecuada» para el agresor. Nada justifica una agresión. Abramos los ojos ante las señales de advertencia y huyamos de vínculos similares.

La especialista en violencia intrafamiliar Leonor Walker fue quien propuso el llamado ciclo de la violencia, que inicia con una primera fase de tensión, donde el agresor tiene pequeños estallidos de furia y hay peleas en las que el agredido lo justifica; una segunda fase, donde hay un estallido fuerte de violencia en la cual la víctima suele pedir ayuda; y una tercera fase, en la cual el agresor pide perdón a la víctima y se torna dulce y atento, haciendo que esta última crea que esa cara del otro es su verdadero «yo» y que necesita de su ayuda para cambiar.

También es bueno aclarar que existen hombres y mujeres agresores: el hombre que arremete a su pareja o a sus hijos, la mujer que maltrata y socava al esposo emocional o económicamente, o la madre que lastima e ignora a su hijo. La agresión no es un problema que pertenece a un género, estrato socioeconómico, o cualquier otra clasificación. Y como problema de salud pública debe ser abordado por todos, vivamos o no en un ambiente de violencia intrafamiliar.

EL AGRESOR

Investigaciones demuestran que la violencia tiene su origen en la crianza y el aprendizaje, producto del ambiente familiar en el que crecimos y, en consecuencia, de la sociedad que lo ha tolerado y, aun, lo ha estimulado a través de los medios de comunicación masiva y del ambiente social en el que nos desenvolvemos. Esto se ve alimentado cuando somos criados en contextos machistas, donde humillar y golpear es sinónimo de «hombría» y una manifestación de dominio y de control. Aumenta cuando existen discursos religiosos para justificar lo que se hace. Los más vulnerables son los niños, que se ven expuestos a escenas que van marcando sus vidas, con la posibilidad de convertirse en futuros agresores. Si un niño ve al adulto descargar su frustración golpeando, gritando y maltratando, él lo verá como normal y como una conducta válida para expresar enojo, por un asunto de identificación con el padre o la madre. Incluso, se ha demostrado que si el pequeño está expuesto a conductas violentas, puede ser un niño agresor desde la infancia: con sus hermanos, compañeros y hasta animales indefensos.

Al crecer, si estas conductas aprendidas no han sido confrontadas y resueltas, este adulto violento, violentado, abusado y herido de niño, repite lo que vivió y sufrió.

Normalmente, un agresor es una persona con complejos de inferioridad que busca compensar su falta de valor imponiéndose a los más débiles y abusando de ellos. O bien, la agresión es resultado de un enojo no canalizado, y la forma de mitigar el dolor que lleva internamente es descargar su ira sobre los demás.

Una forma de violencia es ignorar a la otra persona a través del silencio. Este modo de expresar rechazo es producto de la frustración o del enojo reprimido. Hay familias que utilizan el silencio como una forma de castigo y sus miembros pueden pasar días sin dirigirse la palabra. Este silencio los va distanciando.

Incluso, podríamos ser violentos con nosotros mismos, por medio de comportamientos autodestructivos, producto de que no hemos aprendido a canalizar nuestra frustración o nuestro dolor.

La violencia lo único que manifiesta es que hay una persona afectada emocionalmente. Pero normalmente, el agresor no reconoce que necesita ayuda, sino después de haber dañado a muchos en su caminar por la vida.

Es importante rescatar el hecho de que la mayoría de nosotros, de una u otra forma, hemos sido lastimados y recibimos algún tipo de abuso, pero esto no nos convierte en agresores. Sin embargo, en algunos casos, el individuo guarda un enojo profundo que, luego, busca la forma de manifestarlo.

Algunas señales de una persona agresiva hacia su víctima

En el caso del hombre hacia la mujer:

- Es sobreprotector y acosador.

- La llama excesivamente y le indica que debe contestar las llamadas inmediatamente con la excusa de que, si no lo hace, «se preocupa».
- Actúa con celos descontrolados porque «la ama».
- Le dice cómo vestir y la obliga a cambiarse de ropa porque «sabe lo que es mejor para ella».
- Controla sus correos y mensajes de texto.
- Supervisa quiénes son sus amigos y decide a quiénes de su familia puede o no frecuentar.
- La culpa por las cosas dañinas que hace él mismo.
- La maltrata y golpea, aunque «no fuera su intención».
- La amenaza con asesinarla o suicidarse si lo deja.

En el caso de una mujer agresora hacia su pareja:

- Lo trata con menosprecio y suele humillarlo en público.
- Señala todos los defectos que le ve cada vez que tiene oportunidad de hacerlo, haya o no gente alrededor.
- No acepta y minimiza o ridiculiza las muestras de afecto que su pareja tuviera intención de demostrarle.
- Habla mal a sus espaldas, magnificando cualquier error que aquel haya cometido.
- Se pone a sí misma como mejor persona que su pareja.

En el caso de un padre o de una madre agresores:

- Suele afirmar que se preocupa por su hijo, pero sus actos demuestran lo contrario.
- Si el hijo demuestra los típicos signos de retraimiento o de rebeldía que pondrían de manifiesto el abuso o la agresión, el padre o la madre se encarga de «corregirlo»: «Actúa como un hombre», «Actúa normal», «Te voy a corregir a golpes para que aprendas a portarte bien».
- Es un padre o una madre que abandona, nunca está presente o deja directa o indirectamente a su hijo con un tercero para que resuelva.

- Si es confrontado, va a negar todo, va a culpar al hijo o llorará en público para que todos vean lo arrepentido que está, lo cual, comúnmente, no es cierto.

¿Cómo superar una actitud violenta?

- Reconocer que ningún tipo de violencia es sano o justificable. La violencia produce víctimas, lastima las relaciones y es una conducta que se reproduce. Por esta razón, debe ser detenida en todo sentido.

- Cambiar nuestra manera de pensar: nuestros pensamientos son el motor de nuestras acciones y, si los tenemos bajo control, nos conduciremos de manera más calmada. Si llenamos nuestra cabeza de pensamientos y recuerdos positivos, estaremos más en paz y tenderemos a establecer relaciones más cordiales y amorosas con nuestra pareja y familia. Ello nos ayuda a conservar nuestra capacidad de admirar, a ser firmes en el principio del respeto mutuo y en establecer una estrategia para canalizar la frustración, el enojo y, sobre todo, la ira.

- Disponernos a vivir algo diferente al comportamiento de la agresión. Tenemos que aprender a manejar el enojo sin agredir o agredirnos. Dialogar en lugar de imponer. Aprender a tolerar las diferencias. Amar antes que controlar o dominar. La meta es tener un estilo de vida que proporcione seguridad emocional para la familia, un modelo que marque las nuevas generaciones, que nos observan y aprenden de nosotros.

- Aceptar que tenemos un problema, perdonar a quienes nos lastimaron en la infancia y pedir perdón a quienes hemos dañado.

- Buscar ayuda, sin pena alguna.

- Buscar literatura sobre el tema para asumir conciencia.

- Reconocer que es una conducta aprendida; no es algo innato.

- Otorgar valor a las personas y a las buenas relaciones.

- Respetarnos y respetar a los demás.
- Establecer una estrategia para que no se repitan actos violentos.

Signos de la persona abusada

- La persona abusada defiende a capa y espada a su agresor sin importar lo que haya o no hecho.
- La persona abusada corta vínculos con su familia y amigos para evitar que le digan algo negativo sobre la relación que vive con esa persona.
- La persona abusada se muestra insegura o nerviosa, o a la defensiva.

HACER ALGO

El problema más serio que enfrenta una persona abusada es que se siente desorientada, asustada, temerosa y dominada. Justifica a quien la agrede y cree que la otra persona actúa así porque ella lo provoca. En el caso de la mujer, ella utiliza frases como: «Si fuera una mejor esposa, él no se descontrolaría». Disculpa al agresor y cree que no lo hará de nuevo, y se dice a sí misma: «Él es un buen hombre, él me ama, no lo hace a propósito». En el caso de una mujer agresora, su pareja suele decir: «Es que ella es así; tiene mal carácter», y siente temor de dejarla porque piensa que no va a encontrar a nadie que lo ame «tal cual es», como si se tratara de un ser «defectuoso». Incluso, un niño puede justificar a su madre agresora con: «Tuvo un mal día», y un niño difícilmente, aunque sufra violencia intrafamiliar de parte de su padre o madre, especialmente de la madre, lo admitirá, pues es la persona que se supone más lo ama.

En muchos países, la violencia en los hogares es la causa número uno de lesiones en mujeres y niños. Según las estadísticas, el 70% de los niños de mujeres que han sido abusadas también entran en la lista de los abusados. Esto podemos detenerlo cambiando nosotros.

La persona agredida está en plena libertad de denunciar y alejarse de su agresor, aunque suele serle difícil porque vive bajo amenaza o tiene miedo de no tener a dónde ir o de no tener una red de apoyo lo suficientemente confiable, o por temor a una venganza del agresor; de ahí la importancia, como ya mencionamos, de fomentar una conciencia social sobre este problema de salud pública y aceptar como deber ciudadano realizar una denuncia por cualquier tipo de agresión del que nos demos cuenta, aunque no se geste en nuestro propio hogar.

3. EL ABANDONO

El abandono implica un cese en la relación con las personas más significativas. Es un corte con el vínculo afectivo más importante de la persona. El abandono más doloroso es el de los padres y, en la vida adulta, el del cónyuge.

Uno de los dolores más grandes que las personas pueden experimentar es el abandono. Se siente una soledad profunda, la decepción toca a la puerta y los intentos de suicidio crecen.

El abandono de los padres significa una de las decepciones más grandes, porque son las personas que deben cuidar y ofrecer seguridad al menor, pero ahora, lo abandonan. Produce un sentimiento de desesperación que altera todas las áreas de la vida. Cuando el abandono pone al niño al cuidado de terceros, lo deja con una sensación de desamparo que lo marcará. Además, cuando un niño es abandonado, tiende a culparse y a pensar que es algo que él hizo lo que causó que el padre o la madre se marcharan. Esto produce un sentimiento devastador que le tomará años superar. Me ha tocado escuchar testimonios como el de Juan: «Tenía nueve años cuando él se marchó de casa. Me prometió que nos seguiríamos viendo, pero nunca más me llamó. ¿Qué le hice?, ¿por qué me abandonó?, ¿por qué no me ama? Si él volviera y me pidiera perdón, yo lo perdonaría».

Requiere mucho trabajo de acompañamiento enfrentar y lidiar con las consecuencias del abandono. Hay personas que no logran superarlo y se refugian en conductas nocivas, depresiones o suicidio; pero existen otras que alzan vuelo sobre su tempestuosa vida y deciden enfrentar su angustia constante, aun, a temprana edad.

Su nombre es Dimarly, una joven de 17 años que, viviendo en el abandono más profundo, encontró la esperanza y la ilusión en sus hermanos menores. «Todo comenzó un día cuando me desperté y dije: «Dios, aunque mi vida no es perfecta y a veces no quiero vivir, gracias por vivir en un mundo lleno de personas que te necesitan». Una vez pensé que Dios no me amaba. Cuestionaba el hecho de que mi madre vendía su cuerpo por drogas. ¿Cómo es que nuestra madre estaba viviendo en las calles? No he conocido a mi verdadero padre, no sé con certeza si mi madre sabe quién es él. Vivo con mi padrastro y su familia. Todos consumen y distribuyen drogas. Soy la madre de mis hermanos; uno tiene 12 años y mi hermana, 8. Ahora tengo 17 años de edad. Ahora sé por qué estoy en este mundo. A través de estos tiempos, Dios ha estado conmigo, aunque no tenga padre ni madre. Tengo fuerza para salir adelante. Por la gracia de Dios, soy una estudiante destacada, trabajo, soy madre a tiempo completo de mis hermanos menores y, todavía, tengo tiempo para mis amigos. Antes, tenía problemas para perdonar: no podía perdonar a mis amigos por maltratarme. No podía perdonar el abuso de mi madre y no podía perdonar a Dios por traerme a este mundo. No podía dormir de noche, sin haber llorado hasta el cansancio. Tenía pesadillas todas las noches, y todo porque había odio en mi corazón. Me culpaba por todo. Si mi madre se peleaba con mi padrastro, era mi culpa. Todo era mi culpa. Un día, decidí cambiar, no tenía que sentirme culpable cuando no era mi culpa. Ahora, soy diferente y tengo deseos de vivir».

No obstante, el abandono no siempre es voluntario, ya que podrían mediar circunstancias de salud, o bien, que uno de los padres impida que el otro tenga contacto con sus hijos. También hay situaciones de pobreza extrema, en las que se abandona al menor, con la esperanza de que obtenga un mejor futuro.

Efectos del abandono

Un menor que ha sido criado en un ambiente de aceptación y afecto crece con la confianza necesaria para desarrollarse en todas las áreas. Sin embargo, un niño abandonado experimenta un sentimiento profundo de inseguridad, y esa sensación de falta de amor tiene consecuencias en su personalidad y en sus habilidades emocionales, intelectuales, sociales y motoras necesarias que le capacitan para un crecimiento integral.

Por otro lado, estudios han demostrado que el contacto frecuente entre la madre y su hijo en los primeros años de vida establece una relación entre ambos que lo llena de seguridad. El infante necesita contacto visual y táctil, expresiones de cariño, sentirse atendido en sus necesidades básicas y sostenido por palabras de afirmación. Este vínculo proporciona a ambos sentido de realización y pertenencia. Cuando ello no ocurre, los infantes experimentan una gran frustración y perciben el mundo como una amenaza donde no se sienten en la libertad de expresar sentimientos, pensamientos o sueños e ilusiones. Asimismo, daña sus futuras relaciones, que serán posesivas, basadas en celos extremos, o bien, los inclinará a «mendigar amor». Ello es porque tienen una pobre imagen de sí mismos, necesitan mucha afirmación y creen que deben buscar a toda costa el afecto de los demás; por eso pueden caer en relaciones de codependencia, en las que se convertirían en el rescatador por excelencia de una persona con asuntos emocionales por resolver y que podría abusar del exceso de solicitud que este les ofrece, generando un desgaste físico, emocional y hasta económico, en pro de buscar el bienestar del otro.

Un niño, en sus primeros 6 meses, reconoce a la madre y a las personas más significativas en su vida. Ellos le ofrecen la red que necesita para crecer confiadamente. Experimentar el abandono antes de los dos primeros años es catastrófico para la estabilidad del menor, porque es en ese momento cuando establece los lazos que le otorgan el fundamento para su desarrollo.

Las investigaciones señalan que un niño que vive el abandono por parte de la madre manifiesta una conducta caracterizada por retraimiento, una marcada indiferencia al contacto, sueño alterado, sobresaltos al dormir y torpeza motora. Los niños en esta condición tienden a buscar el contacto con una almohada o una cobija que le proporcione seguridad.

En los jóvenes suele suceder que se involucran en pandillas para suplir el sentido de pertenencia. Pero también son víctimas sociales, porque la falta de entrenamiento de los padres para la socialización los hace susceptibles de convertirse en delincuentes que buscan llenar el vacío que dejó el padre ausente.

La sociedad también se ve afectada debido a que los costos directos asociados al abandono son altos, incluyendo los económicos. Una persona abandonada tiende a repetir en el sistema escolar, tiene más probabilidad de involucrarse en actividades ilícitas o en abuso de drogas o de alcohol; es más propensa a experimentar ansiedad, temores, depresión, comportamientos autodestructivos y pensamientos suicidas; o, al contrario, enojo acumulado que lo lleva a conductas agresivas, donde puede vivir cuadros de violencia intrafamiliar. Ello sin dejar de mencionar que un tercio de los niños abandonados podría hacer lo mismo con sus hijos al crecer.

Sea el escenario que sea, lo cierto es que un individuo abandonado en la infancia experimentará fuertes luchas personales, porque tiene miedo a ser abandonado nuevamente. Su confianza ha sido minada.

Enfrentado el abandono

Como vimos, hay múltiples razones para prevenir o sanar el abandono y sus consecuencias. Ello puede ser posible:

- A través del perdón y de terapias que ayuden a superar las secuelas del sufrimiento experimentado.

- Con educación y soporte en centros escolares, no solo sobre las consecuencias de este mal, sino también, sobre paternidad responsable.

- A través de la inclusión de niños y jóvenes en organizaciones sociales como iglesias, grupos juveniles, exploradores, grupos deportivos, campamentos y todo aquello que les permita socializar sanamente para sobrellevar carencias emocionales.

- Con redes de ayuda a madres solteras adolescentes y jóvenes.

- Mediante escuelas para padres sobre la atención de los hijos, incluso, si se presentara un divorcio.

- Descubriendo a Dios como nuestro Padre, quien nunca nos ha abandonado y que ha enviado ángeles a nuestro lado, a pesar del dolor y de lo que hemos enfrentado. Es Dios el que hace habitar en familia a los desamparados.

4. LAS ADICCIONES

La adicción es cualquier cosa que nos domine de una manera compulsiva y sobre la que no tenemos poder ni control. Muchas veces, podríamos estar siendo dominados por una adicción y no nos hemos dado cuenta de forma consciente por el simple hecho de que se trata de una adicción mal abordada. Así, pues, podría decirse que las adicciones pueden ser a drogas, ya sean naturales o sintéticas; legales o ilegales (marihuana, cocaína, *crack*, alcohol, tabaco) o a procesos de comportamiento (pornografía o sexo, apuestas, juegos de azar, comida, ejercicio físico, trabajo).

Lo que sí es un hecho es que, indistintamente de cuál se trate, las adicciones influyen irremediablemente en los estados emocionales de las personas, alterando su comportamiento.

El sujeto tiende a manipular, mentir y robar para mantener la adicción y deja de ser productivo para convertirse en dependiente. No puede asumir responsabilidades y pone a la familia en tensión constante. Al perder el sentido de responsabilidad, el adicto está dispuesto a hacer cualquier cosa con tal de conseguir lo que lo llena. Psicológicamente, la persona siente que no puede vivir sin aquello que lo domina, y lo utiliza para reducir la tensión o ansiedad que tiene. Su adicción le causa alegría, euforia momentánea y, dependiendo del tipo de adicción de que se trate, aumenta la capacidad mental y el rendimiento físico. Son estos efectos los que conducen a la persona a no abandonarla.

ABUSO DE SUSTANCIAS

Las drogas y otras sustancias tóxicas, como el alcohol y el tabaco, son elementos químicos o naturales que alteran las funciones regulares del cuerpo, así como su sistema nervioso central. Estas cambian la manera de pensar, de actuar y de sentir en las personas que las consumen.

La adicción es la actividad compulsiva que guía a consumir esas sustancias tóxicas de forma excesiva. La persona piensa que puede abandonarlas en cualquier momento, pero lo que inició como un juego o curiosidad, se convierte en algo incontrolable, porque el organismo se lo pide cada vez con más frecuencia y en dosis mayores, generando dependencia física y psicológica.

Su consumo se está extendiendo entre los jóvenes a edades más tempranas. Los últimos estudios indican que los muchachos se están iniciando a la corta edad de 12 y 13 años. Ahora, los adolescentes tienen un acceso muy fácil a ellas y esto lo ha estimulado. Por otro lado, la ausencia de los padres, la permisividad y la desintegración de la familia han facilitado que el mal crezca.

Muchas familias terminan viendo a su hijo irse de la casa y vagar por las calles sin rumbo y sin sentido, debido a este tipo de dependencia. De hecho, la adicción a las sustancias tóxicas se ha convertido en uno de los problemas más graves a los que se enfrenta la familia y la sociedad mundial. Por ejemplo, entre las drogas legales están el alcohol y el tabaco. Ambas tienen consecuencias sociales alarmantes. El alcohol es la causa principal de accidentes automovilísticos, además de ser uno de los elementos presentes en incontables casos de violencia intrafamiliar; mientras que el tabaco aumenta el riesgo de contraer cáncer en las vías respiratorias. Ello sin mencionar el alto costo económico en las finanzas del hogar y de la sociedad para tratar sus efectos.

Los adictos tienen mucha dificultad para abandonar lo que consumen y, regularmente, vuelven luego de períodos de abstinencia. Por eso es indispensable la intervención de la familia, el internamiento y la fuerte voluntad del adicto.

La mayoría de sustancias tóxicas producen los siguientes efectos físicos:

- Reducción del apetito y pérdida de peso.
- Deshidratación.
- Erupciones cutáneas.
- Fiebre muy alta.
- Temblores corporales.
- Pérdida de habilidades motoras y de visión.
- Mareos.
- Dolor abdominal, náuseas, vómitos.
- Dolores de cabeza.

- Aceleración del ritmo cardiaco.
- Convulsiones.
- Enfermedades crónicas.
- Ansiedad.
- Depresión.
- Insomnio.
- Muerte.

CARACTERÍSTICAS DE UN ADICTO

- Negación: esta es una de las etapas más difíciles. La persona cree que puede abandonar fácilmente su adicción, pero a menos que se someta a un proceso prolongado, le será difícil enfrentarla. El individuo inicia con un discurso tranquilo para evitar el conflicto, pero conforme crece su adicción, no tolera que le hablen del tema.

- Resentimiento: la persona adicta culpa a los demás por lo que está viviendo y lo utiliza como un mecanismo de defensa y manipulación. Siente que le hicieron algún tipo de daño. Normalmente, el adicto vive de mal humor y se siente resentido con todos los que lo rodean.

- Estado de ánimo cambiante entre la desesperación por conseguir lo que lo tiene dominado, la felicidad al conseguirlo y la frustración cuando las cosas no se dan como las quiere. Son personas que se vuelven egocéntricas y quieren que todo gire a su alrededor.

LA FAMILIA

Las adicciones no solo afectan al adicto, sino que también lastiman fuertemente a la familia. Esta sufre porque se siente impotente ante la situación. Desea ser tolerante como una expresión de amor y cae en la trampa de ser manipulada. Por esta razón, la familia del adicto debe estar muy unida y establecer una estrategia que le permita enfrentar el desafío que está viviendo, si no, es fácil que caiga en la trampa de la codependencia.

Por otro lado, la familia se expone a resquebrajamientos

internos debido a la tensión que todos experimentan. El estrés y la incertidumbre se hacen presentes, pues el adicto asegura que todo está bajo control y nadie sabe si, en caso de que decidiera hacer un tratamiento de rehabilitación, volverá o no a caer en la adicción.

Algunos miembros deciden alejarse, tanto del codependiente, por no poner límites ante el abuso de que es objeto por parte de la persona adicta y por permitir la adicción, como del adicto, al que encuentran dañino en su proceder. Si se trata de los padres de la persona con adicción, investigaciones señalan que el porcentaje de divorcio es mayor. Asimismo, en las familias con un adicto, todos los miembros suelen adoptar un rol que los identifica, como una especie de intento de encontrar un lugar en el caos emocional familiar, y pueden enmarcarse en una gama que va desde el siempre presente hasta el siempre ausente.

En los hogares donde el padre o la madre es la persona adicta, hay más probabilidad de problemas de conducta en los niños, bajo rendimiento escolar, baja autoestima y cuadros de depresión. Ello sin dejar de señalar que asumen un papel de padres para con sus mismos padres, invirtiendo los papeles, lo que igual podría generar problemas de codependencia en las relaciones adultas que establezcan más tarde. Sin embargo, estos efectos pueden prevenirse si la familia establece una estrategia que les permita estar fuertes ante la situación que enfrentan. Y hablamos de la familia extendida: los abuelos, los tíos, etc. Si todos toman conciencia de la gravedad del problema, se apoyan entre sí, dialogan frecuentemente, buscan ayuda profesional que les permita comprender cómo enfrentar la situación y son consistentes en tratar a la persona adicta, lograrán salir fortalecidos como familia. No obstante, el precio que tienen que pagar al tener una persona con una adicción en casa es alto.

LA CODEPENDENCIA

En los hogares con un adicto suele haber, por lo menos, una persona que asuma el rol de codependiente.

La codependencia es una condición psicológica en la cual alguien manifiesta una excesiva y, a menudo, inapropiada, preocupación por las dificultades de alguien más, y ese alguien más es una persona que presenta cierto grado de problemática personal, como ser adicto.

El codependiente se olvida de sí mismo y de sus necesidades para centrarse en los problemas del otro, piensa que puede «salvarlo» y crear, de este modo, un lazo que los una; y, cuando la otra persona no responde como el codependiente espera (que cambie o le agradezca), se frustra y se deprime. El codependiente busca generar, en el otro, la necesidad de su presencia y, al sentirse necesitado, cree que de este modo nunca lo van a abandonar. Pero ello, además de ser nocivo para sí mismo, también lo es para la persona con adicción, pues esto más bien fortalece el que nunca salga de aquello perjudicial que lo domina.

Al codependiente se le dificulta poner límites y perdona todo, a pesar de que la otra persona llegue a herirlo de manera deliberada. Confunde esa obsesión con amor.

«Mi hijo ya tiene 25 años, no estudió y no trabaja. Lo hemos mantenido todos estos años, pero la droga lo tiene así. Nos roba todo, lo vende barato. Mis otros hijos me dicen que ya no soporte más, pero no puedo decirle que se marche. Es mi hijo y lo amo», es el testimonio de Margarita sobre su grado de codependencia.

Solo se logra salir de la codependencia cuando se admite que se tiene un problema y se busca ayuda profesional y grupos de apoyo. El codependiente tiene rollos internos que tiene que resolver.

SALIR DE LA ADICCIÓN

- Lo primero es reconocer que tenemos un problema.
- Perdonarnos.
- Buscar ayuda externa.
- Apoyarnos en literatura, grupos, etc.
- Vivir el presente de manera positiva, evitando personas y escenarios que podrían incitarnos a recaer nuevamente.
- Trabajar en nuestra autoestima.

¿Sabe qué me dijo Verónica una vez?: «Cuando era muy niña, mi papito era alcohólico. Un día me le acerqué y, con mi voz quebrantada y asustada, le pedí que dejara ese vicio, y desde entonces nuestra vida en familia ha sido una bendición». ¡Claro que hay esperanza! Dios puede hacer la diferencia.

Capítulo 4

¿PODEMOS HACER ALGO PARA CAMBIAR A NUESTRA FAMILIA?

Tengo 20 años de casada. Mi esposo es muy seco, nunca dice un «te amo», no me presta atención. Si está en casa, es como si estuviera sola. Él toma las decisiones sin consultarme y rara vez me toma en cuenta para los proyectos de la familia. Un día de tantos, me encontré con un viejo amigo en las redes sociales, comenzamos a hablar y me he sentido muy bien. La amistad ha crecido. Mi esposo se dio cuenta y está resentido. Ahora él se siente mal y quiere que lo intentemos, pero yo ya no quiero. Me siento mal de lo que me está pasando. Sé que la vida es corta, siento que mi conciencia no me deja tranquila por lo que estoy haciendo, pero no quiero regresar al menosprecio y a la indiferencia. Me gusta que me escuchen, me atiendan, necesito sentirme amada y amar. ¿Qué puedo hacer para cambiar yo y para cambiar a mi familia?

—Lucía

LA FAMILIA ESTÁ compuesta por personas con características diferentes, momentos emocionales distintos e individuos en constante cambio. La familia donde todos sus miembros están cortados con la misma tijera, están en la misma etapa emocional y se mantienen estables en el tiempo cual muñecos de bazar... no existe. En otras palabras, familia perfecta... no hay.

¿Y por eso deberíamos desecharla? Pues no. Lo único válido que podemos hacer por ella es amarla, amarla tal cual es. Amar significa hacer algo importante por alguien a quien consideramos valioso. El amor siempre implica valor, dignidad y honor y, por eso mismo, produce seguridad y cercanía. Pero también lleva implícito sacrifico, negación y perseverancia.

Si demostramos que amamos y aceptamos a cada persona en casa, propiciaremos un ambiente que hará que deseemos estar cerca.

Todos deseamos construir una familia saludable donde la convivencia sea agradable y se mantenga la unión a pesar de cualquiera de esos aspectos. ¿Pero cómo ponemos en la práctica el amar a la familia? Lo primero que hay que hacer es identificar esas piedras en el camino que hacen que tropecemos y contemplemos la idea de no levantarnos de ahí.

ALGUNAS PIEDRAS EN EL CAMINO

1. El distanciamiento

Muchas son las razones que surgen para justificar la distancia que separa a los miembros del hogar. Una de ellas es que nos habituamos a tenernos, lo que lleva a que no valoricemos a quien tenemos al lado. Esa cercanía sin intimidad implica eso que llamamos la «fuerza de la costumbre»: sabemos que algo no anda bien, pero lo dejamos pasar. Otra razón es la cercanía, la cual produce los roces normales de una convivencia frecuente. El problema surge cuando invadimos el espacio ajeno, ese que no nos pertenece, y lo hacemos nuestro, además de que no sabemos manejar las disensiones que surjan de la convivencia y dejamos que lo no resuelto se instale, en lugar de permitir la comunicación y el llegar a acuerdos. También nos distanciamos cuando algún miembro de la familia nos lastima o, bien, nos traiciona. Es común que por el exceso de confianza las personas se lastimen con palabras hirientes; esto ocurre en momentos de enojo, frustración, estrés o en medio de la adversidad.

La familia se distancia, además, cuando hay agresión física, psicológica, sexual, patrimonial o de cualquier otro tipo. Esto genera heridas difíciles de sanar.

Otro aspecto puede ser la brecha generacional, la cual hace que se encaren las circunstancias de diferente forma. Esto se acentúa cuando los adultos tratan de imponer su criterio, sin desarrollar empatía y comprensión, o los más jóvenes catalogan a los mayores como «tontos» por no ser capaces de «seguirles el ritmo».

2. La ira

Proverbios 29:11 dice: «El necio da rienda suelta a su ira, pero el sabio sabe dominarla».

Para nadie es un secreto que cuando las cosas se salen de control, una de las principales maneras que tenemos las personas para desahogarnos es a través de la ira. ¡Cuánto más en el seno familiar donde el día a día nos acompaña a todos por igual! De lo que no estamos muy conscientes de que la ira puede crear un distanciamiento sutil, el cual se acrecienta si se trata de quienes estamos unidos por el mismo vínculo.

De algo que tampoco nos percatamos es de que, desde el punto de vista emocional, el estar lleno de ira tiende a disminuir el sentido de dignidad de los que están a nuestro lado: nos ubicamos en una posición en la que creemos tener poder sobre los demás y licencia para conducirnos como nos plazca, obligando, incluso, a los miembros de la familia a hacer cosas que les incomodan. Pero ignoramos que, en todo caso, no nos estamos depositando en nosotros mismos, sino en las circunstancias y, realmente, no tenemos poder de nada porque no tenemos dominio propio.

Es claro que ninguno de nosotros es perfecto, tenemos momentos emocionales complicados, y el cansancio y el estrés nos pueden hacer sentir irritables. Somos humanos. No obstante, el éxito de la relación en la familia depende de la habilidad de percibirnos correctamente, no a través del lente emocional que lo nubla todo. Las personas valemos por lo que somos.

A veces, sucede también que por esa falta de dominio propio, hablamos palabras hirientes, las cuales suelen dejar más marcas que cualquier herida física. Esa confianza que nos une nos la brincamos y no medimos lo que sale de nuestra boca. Y lo que es peor: no estamos dispuestos a admitir que nos equivocamos, no admitimos que cometimos un error. Y, más tarde, justamente esa confianza traicionada se vuelca y, precisamente, desaparece: ya nadie confía en nadie. ¿Y cómo hacerlo si aquellos que se supone que nos aman nos fallaron y demuestran con sus actitudes que no nos valoran y que consideran nuestras necesidades como carentes de importancia?

3. Criticar y comparar

Así como cada uno en particular es un mundo complejo, cada familia vive sus propias historias y tiene distintos asuntos que resolver. Lo cierto es que, en algunos núcleos familiares, se experimentan excesivamente elementos como la crítica injusta. Con ella es difícil llevarse, pues no importa lo mucho que nos esforcemos por lograr metas y cumplir propósitos encomiables, nunca vamos a quedar bien, nunca será suficiente y, por demás, sentimos cómo nos «bajan el piso», minando nuestro sentido de valía y de quiénes somos. De la mano puede darse el hacer comparaciones no saludables entre los miembros del hogar, ubicando a unos arriba de los otros y situándolos en sitios de preferencia, en menosprecio de los demás. Eso no solo infla la autoestima en unos y la baja en otros, sino que también quiebra ese lazo que los une y los debería, más bien, hacer crecer juntos, sin competencias, sin celos, sin egoísmo, sin experimentar rechazo o agresión.

4. El ciclo que nunca se rompe

Por falta de herramientas e información, sucumbimos a lo primero que sentimos o nos viene a la cabeza. ¿Cuál es el primer instinto que nos hace huir del peligro? El miedo. La verdad es que nos da miedo lidiar con el problema y anhelamos con todas nuestras fuerzas que otro lo resuelva por nosotros. No queremos tomar parte activa ni asumir la responsabilidad que primeramente nos toca a nosotros mismos.

También nos hacemos ideas erróneas de lo que posiblemente sucedería si metiéramos mano en el asunto y hasta llegamos a creer que si tratamos el problema, lo haríamos más grande. «¿Para qué revolcar eso que no está bien?», pensamos. O tal vez nos decimos: «El tiempo resolverá el problema sin que hagamos nada al respecto». O bien, entramos en negación y tratamos de ignorar el problema, imaginando que no está ahí, o al revés: justificamos la situación y, por lo tanto, no la enfrentamos.

Otro impedimento que nos frena es admitir que nos avergüenza aceptar que tenemos un problema en la familia... Como si los demás no tuvieran también los suyos, ¿no es verdad? Quizá existe un poco de orgullo que nos impide ceder a nuestro propio razonamiento.

Si tenemos situaciones por superar, debemos tratarlas. Hay que esperar el momento oportuno, tener la actitud correcta y comunicarnos claramente. Si algo va a suceder, nosotros lo tenemos que propiciar, pero de la manera apropiada. ¿Y cuál es esa?, se preguntará usted. Nos la dice Efesios 4:31-32: «Abandonen toda amargura, ira y enojo, gritos y calumnias, y toda forma de malicia. Más bien, sean bondadosos y compasivos unos con otros, y perdónense mutuamente, así como Dios los perdonó a ustedes en Cristo».

Preguntas cruciales

Una vez contemplado el panorama, debemos tomar tiempo para reflexionar con nuestra familia sobre los temas más importantes que nos aquejan y hacernos preguntas claves que nos den un mejor entendimiento y una mejor proyección, con el fin de entender y resolver eventos pasados y presentes. Algunas de estas preguntas pueden ser:

- ¿Qué nos trajo hasta este punto?
- ¿Qué clase de familia deseamos ser?
- ¿Qué cambios debemos realizar para alcanzar la meta?
- En cinco y diez años, ¿qué nos gustaría haber logrado?
- ¿Qué necesitamos recuperar en la familia?
- ¿Qué puede aportar cada uno para el beneficio familiar?

Esta guía nos permitirá conocer los cambios que debemos realizar, así como evaluar su progreso. La meta que todos debemos buscar es tener una familia en donde el ambiente sea agradable y un lugar que nos haga sentir seguros y confiados.

Tomando acciones concretas

Solamente haciendo algo distinto a lo que hemos hecho, podremos conseguir lo que buscamos. Como lo dijo Albert Einstein: «Si buscas resultados distintos, no hagas siempre lo mismo». He aquí algunos pasos que nos ayudarán a alcanzar ese estado de bienestar familiar que tanto deseamos:

1. Aceptemos y admiremos a cada miembro de la familia: sin darnos cuenta, con el paso del tiempo, nos saldrá natural y genuinamente. Aceptar y admirar al otro nos pone en otro plano: en el del respeto. Poco a poco, nos daremos cuenta de que ya no ponemos en segundo lugar a la hija revoltosa o al hijo ensimismado: todos valemos por igual.

2. Disminuyamos la ira, la tensión, el estrés y todo aquello que hemos aprendido a hacer con el paso de los años y no edifica a la familia. Si es necesario, cuente hasta 100 y piense en todos los momentos bellos que han vivido. Le aseguro que no todo ha sido malo.

3. Consideremos a los otros como nos consideramos a nosotros mismos: nosotros somos el reflejo de los demás. Nadie puede darse un valor mayor al que tiene. Romanos 12:3 señala: «Por la gracia que se me ha dado, les digo a todos ustedes: Nadie tenga un concepto de sí más alto que el que debe tener, sino más bien piense de sí mismo con moderación, según la medida de fe que Dios le haya dado». Cada miembro es un tesoro de incalculable valor.

4. Comuniquémonos. Eliminemos los gritos y dialoguemos más. Escuchemos y sintamos identificación, creamos que nuestro cónyuge e hijos tienen algo valioso que decir. Comprendamos.

5. Resolvamos las diferencias y los problemas. No permitamos que se acumulen. Clarifiquemos el tema, busquemos alternativas, no lastimemos mientras lo hacemos, decidamos qué hacer y hagámoslo. Si creemos que no podemos resolver la diferencia, busquemos ayuda profesional.

6. Admitamos que nos equivocamos, eso restituye el valor de la persona amada.

7. Pidamos perdón: es el único camino a la restauración de las relaciones.

8. Busquemos la cercanía mutua. Siempre habrá una excusa para suprimir esos tiempos juntos: trabajo, compromisos con otros, etc. Si podemos sacar el tiempo para ir a cenar con un amigo, también podemos hacerlo para ir a almorzar con la familia. El trabajo, los amigos, todo quedará atrás, pero la familia es lo único constante hasta el momento en que partamos de este mundo.

9. Decidamos amar, y amar implica aspirar a algo mejor y actuar para lograrlo. No se trata de expectativas traicioneras, se trata de hacer y de anticipar.

El vínculo fuerte de la familia

Hay tiempos cuando los amigos sobran, pero en los momentos cruciales de la vida, solo la familia permanece. Es la familia la queda cuando todos se marchan.

Le transcribo una carta publicada en el periódico *El financiero* de Carlos Alvarado Moya, un empresario privado de libertad que fue dueño y director del Banco Elca en Costa Rica, que ejemplifica el valor que tiene la familia en los momentos cruciales.

«Por algunos años escribí de economía y finanzas, muy activamente participé en varias organizaciones gerenciales de las cuales llegué a ser el presidente, y fundé algunas empresas que dieron trabajo y sustento económico a muchas familias. Con el apoyo de mis padres me gradué con título universitario como Licenciado en Ciencias Económicas, y en muchos casos mis actividades empresariales y gerenciales recibieron un reconocimiento público y de parte de mis colegas empresarios. Dediqué veintidós años a mis actividades y creí que había logrado lo que me había propuesto cuando me gradué de la universidad y tomé la decisión de ser empresario. Hoy volví a escribir después de varios años de no hacerlo, pero no de economía, ni finanzas, ni de hospitales o temas relacionados con el sector de salud, ni del entorno económico nacional, temas usuales de mis diálogos y artículos con los amigos de la prensa que por muchos años me apoyaron y escribieron sobre mis actividades empresariales y gerenciales. Lo particular de esta nota es que en esta oportunidad, en vez de escribir en una computadora instalada en mi casa o en mi oficina, lo estoy haciendo en una hoja de papel y desde la celda en la cárcel donde me encuentro privado de libertad. Aunque parezca difícil de creer, tantos años dedicados a la actividad de negocios, los cientos de libros que he leído en mi vida y mis títulos universitarios no me han enseñado tanto como estos días siendo un interno del Sistema Penitenciario. Debido a la ocupación de mi trabajo día a día, nunca le había prestado atención a este mundo que me rodea ni lo había conocido. La primera gran enseñanza de estos días en el Centro Penitenciario es que nada se puede lograr si Dios no está presente. Antes, el tiempo no me alcanzaba en la semana para el trabajo, y mucho menos dedicaba algunos minutos a pensar y contemplar lo maravilloso de todo lo que Dios nos ha brindado y la inmensa misericordia y amor que tiene por nosotros. Un consejo que me gustaría darles a los empresarios y a los demás profesionales es que no debemos empezar nuestras actividades cotidianas sin antes encomendarnos a Dios y pedirle que nos ayude y nos guíe en nuestra labor cotidiana. Como empresarios, nuestras acciones repercuten en mucha gente, y por lo tanto con mayor determinación debemos apoyarnos en Dios para ejercer nuestras responsabilidades con fe y bajo su protección. Quizás si este tema yo lo hubiera analizado antes de mi experiencia estos días en la cárcel, hubiese pensado como algunos de ustedes al leer este artículo. Ahora que he tenido la oportunidad de vivir esta experiencia, estoy convencido de que no hay nada más grande e importante que el amor y la misericordia de Dios por nosotros. La segunda gran enseñanza de mi estadía como privado de libertad es la importancia del tiempo que le dedicamos a nuestra familia. En los momentos difíciles son ellos quienes realmente representan el estímulo para salir adelante, pero son ellos también quienes dan el máximo apoyo cuando casi nadie está dispuesto a hacerlo. Como empresario cometí el error de restarle a mi familia el tiempo que ellos necesitaban y se merecían por dedicar el mayor tiempo a mis actividades empresariales, y siempre creí que concentrándome en ser un proveedor aceptable del sustento económico estaba cumpliendo con el rol de padre y esposo. Sinceramente no recomiendo seguir esta filosofía. La familia, después de

Dios, debe ser nuestro centro de afección y apoyo, y no debemos
dejar que la relación familiar se lastime o deteriore por dedicarle
mayor tiempo a los negocios. El negocio más importante para un
empresario debe ser manejar adecuadamente la relación en familia. Nadie puede manejar empresas si no es capaz de manejar
una adecuada relación familiar. Con honestidad y humildad le
doy gracias a Dios por la esposa que tengo, por mis hijos, mis padres y mis hermanos. La tercera enseñanza es la obligación que
tenemos los empresarios de pensar y dedicar parte de nuestros
recursos económicos personales y de nuestras empresas a apoyar
algunas actividades en beneficio de los más necesitados. Cuando
nos envolvemos en nuestro mundo empresarial y olvidamos que
alrededor de nosotros existe gente que necesita el mismo apoyo,
creo que no estamos cumpliendo adecuadamente nuestro rol de
empresario. Son pocas las personas que tienen la capacidad de
llevar a cabo las actividades de negocios creando y desarrollando
empresas; por lo tanto, si usted es una de estas personas, recuerde
que como parte de esta condición especial de ser empresario está
también la capacidad de ofrecer a los demás oportunidades de
surgir. Lo más importante no creo que sea contribuir con una do-
nación económica, sino estar dispuesto a darle una oportunidad a
alguien, enseñándole cómo ser productivo en el mundo de los negocios y cómo generar riqueza para uno mismo y para los demás.
En alguna oportunidad leí, de un reconocido escritor, que es más
valioso enseñarle a pescar a alguien que darle como regalo un
pescado para que coma por un día. La cuarta enseñanza de estos
días es que son pocos los amigos y allegados sinceros. Cuando se
está en el éxito, una buena parte de los amigos y personas relacionadas con uno están dispuestas a compartir nuestros logros; pero
cuando la situación cambia, solo los verdaderos amigos persisten
en la relación. Esto no es nuevo para nadie, y quizás lo único que
se debe reforzar es la decisión de asignar nuestras prioridades a
los que realmente valen la pena. La principal fortaleza para permanecer en el éxito por muchos años en este campo empresarial,
sumamente competitivo y que no perdona errores, es tomar en
cuenta que aunque la vida empresarial requiere muchas acciones
extraordinarias del empresario, actuando en el entorno de los

negocios, no podemos perder de vista algunas de las prioridades a las cuales hago referencia en esta nota. Espero que mis comentarios estimulen a reflexionar acerca de las verdaderas actividades que tienen valor en el mundo de las empresas y así transmitir una nueva enseñanza».

UN ALTO EN EL CAMINO

Siempre que leo esta carta me doy cuenta del valor que tiene el aprender a detenerse para realizar un inventario de la vida. Es aquí donde nos damos cuenta de que necesitamos valorar lo que realmente tiene importancia, porque al final del camino solo queda lo auténtico: nuestra relación con Dios, el amor de la familia y los amigos de verdad.

El uso apropiado de la influencia en la persona amada provee la fortaleza necesaria para superar los obstáculos con que se enfrentará fuera de casa.

El verdadero éxito lo mide la capacidad que hemos tenido de amar a los nuestros. El secreto consiste en llegar al final de la carrera al lado de las personas que hemos tenido el privilegio de amar. Así lo está cosechando una madre que con entrega y dedicación ha formado a sus hijos. Lo evidencia lo que le escribió su hija el día de su cumpleaños: «¡¡¡Feliz cumple, mamita de mi corazón!!! Preciosa en todas las áreas, llena de dulzura, sabiduría, amor, ternura, paciencia… Te amo con todo mi corazón. Que Dios llene cada día de tu vida con alegría, colores, consejos, fortaleza y sabiduría. ¡¡Te amooooo!!». ¿No es hermoso?

EL DESEO DE TODOS

Con el propósito de conocer lo que sienten y viven las familias, publiqué en las redes sociales un pensamiento que permitió que las personas expresaran sus ideas al respecto. Sus reacciones ponen de manifiesto los desafíos a los que se enfrentan las familias en la actualidad y, sobre todo, cómo responden ante el reto de educar a sus hijos de la mejor manera.

Esto fue lo que publiqué: «Leí de un doctor que decidió dejar uno de sus dos trabajos para pasar más tiempo con su familia, porque vio que sus hijos crecían y no los había disfrutado lo suficiente. El tiempo pasa rápido y las decisiones valientes hacen la diferencia».

Los comentarios al respecto solo revelan lo que ya sabemos: todos anhelamos tener un hogar donde todos seamos valorados y amados, sin importar los malabares que haya que hacer para lograrlo. Léalos y se sorprenderá al identificarse en uno o más de ellos:

Helen: «Este comentario me hizo reflexionar mucho. Gracias por compartirlo: ese era el empujón que necesitaba para tomar la decisión que debo tomar».

Nela: «Yo pasé con mi hijo su primer año, luego decidí trabajar para progresar profesionalmente y así fue. Estuve en una excelente empresa, aprendí muchísimo, con personal de calidad única. Todos los días dejaba a mi hijo con el corazón en la mano y cuando llamaba…al escucharlo reír con sus primeras palabritas por teléfono se me salían las lágrimas en la oficina. Para un Día de la Madre que tenía que trabajar, decidí renunciar, agradecí y conversé que en ese momento lo más importante era mi hijo y el trabajo no me estaba dando tiempo ni para verlo despierto. A partir de ahí ha sido una aventura, me despierto con él, jugamos, aprendemos, vivimos, reímos, peleamos, somos amigos. Tiene ya 4 años y esa decisión es la mejor que he tomado en mi vida. Tengo una empresa que empezó hace poco, una bendición que comparto con mi hijo y poco a poco va creciendo. Soy madre soltera y sé que las decisiones que he tomado siempre están respaldadas por Dios. No me va a faltar nada y estoy viviendo años maravillosos que sé que mi hijo va a recordar. Cada sacrificio y esfuerzo es recompensado por su sonrisa y alegría diaria».

Francis: «Es cierto, el tiempo pasa muy rápido; cuando ves, ya tus hijos están grandes. Trabajo y soy madre soltera, es duro, en serio que sí, pero me siento orgullosa de ver a mis hijos grandes y por buen camino».

Dinia: «Yo también dejé mi trabajo como policía para pasar el tiempo junto a mi familia, esposo e hijas. Aunque económicamente se nota la diferencia, la recompensa de ver a mis hijas realizarse en calidad y poder cuidarlas ha sido la mayor recompensa».

Magally: «Yo tuve la bendición y el apoyo de mi esposo para quedarme en casa con nuestro bebé y ha sido la mejor decisión y el mejor regalo que he tenido. Dios y la empresa para la cual trabajaba me han dado la oportunidad de trabajar medio tiempo desde mi casa... Nada más que pedirle a la vida. Mi bebito tiene 1 año y 2 meses».

Ari: «Pero hay gente que no puede dejar de trabajar porque se muere de hambre. Una persona con buen capital sí, pero uno pobre no puede, y aun así, disfrutan a sus hijos los fines de semana o cuando haya tiempo».

Alejandra: «Hay padres que le ponen más interés al dinero que a la familia».

Shirley: «Es duro no dedicarle el tiempo necesario a la familia, pero más difícil es cuando quieres y no puedes, porque haces del trabajo tu vida para sacar adelante a tus hijos sola. A veces deseo ese tiempo, pero no puedo, porque de mi trabajo dependen mis hijos y soy madre y padre a la vez, y eso es duro; no me queda tiempo».

Damaris: «Como Dios dejó las cosas es lo correcto; estoy de acuerdo en que una mamá trabaje solo cuando no tiene a nadie que le ayude y le toca mantener la casa. Pero no me parece que las mamás trabajen solo por tener lujos. He visto ya a varias madres llorar porque no disfrutaron a sus hijos. Pero también pienso que a veces los hijos no agradecen que la madre se dedicara a cuidarlos».

Jessy: «Este mundo va demasiado rápido, lo que vivimos es frenético».

María: «Trabajé más de 10 años y cuando mi hija me pedía que fuera a cualquier actividad de la escuela, nunca podía. Cuando ella cumplió los 14 años, Dios me regaló otro bebé y renuncié para disfrutar de este regalo. Gracias, Dios, por mis hijos».

Enrique: «Los hijos crecen y casi ni nos damos cuenta».

Paola: «Muchas veces sentí quedarme en casa con ellos, pero mi realidad es que tengo que trabajar».

Lucía: «¡¡¡Qué lindo!!! Ojalá mi padre fuera así».

Yerlin: «Muchas personas tienen que mantener a sus hijos, y es muy duro sacar tiempo para todo con tantas cosas que pagar, alquiler, comida, agua, luz, escuela... No es tan fácil».

Evelyn: «¡Qué cierto, crecen tan rápido...! Pero creo que a pesar de mi corre corre, sí he podido disfrutar a mis hijos y les he podido dedicar tiempo a cada uno de ellos. Amo a mis hijos».

Meybol: «Gracias al apoyo de mi esposo tomamos esa decisión y es la mejor».

Nancy: «Así es. El momento que se fue y no se aprovechó no vuelve ni se recupera jamás».

Capítulo 5

LA FAMILIA Y EL PERDÓN

Tengo veintidós años de casada. Tengo una hija de 10 años a la que amo. Mi esposo me fue infiel hace siete años y desde ahí mi vida se murió. Lo perdoné, mi vida mejoró un poco; pero él no cambió, era muy grosero conmigo y con cualquier pleito nos dejaba. Ahora no está conmigo desde hace como un año, y tiene otra mujer. Estoy destrozada, me ha hecho tantas cosas y ya me cansé de perdonar. Quiero cambiar mi vida, quiero ser feliz y no puedo, solo lloro y lloro. Tengo a mi Dios que me ha dado tantas cosas... salud, una hija preciosa, tengo mi propia casa, tengo trabajo. ¿Qué más puedo pedir? Le doy gracias a Dios por eso, pero no puedo salir de esto. Ya me cansé de tomar antidepresivos, quiero vivir porque me siento desolada. Quiero salir de este hueco y olvidar a mi esposo, para poder seguir con mi hija adelante, pero solo pienso en mi esposo y más me hundo.
—SOLEDAD

SIN PERDÓN, MORIMOS por dentro. Con él, aun cuando los recuerdos sigan en nuestra mente, al menos, podremos empezar a mirar hacia adelante.

A pesar del gran amor que tenemos por nuestra familia, muchas veces, perdonar es difícil. Tal vez nos han tratado mal o han despreciado nuestro amor y cuidado. Lo cierto es que debemos perdonar incluso cuando la otra persona no se arrepienta o no cambie de actitud. Por lo general buscamos excusas como: «Si tan solo dejara ese estilo de vida (o las drogas o el licor)», o bien, «Si dejara a ese hombre (o mujer) que parece estarle succionando la vida». No obstante, debemos hacerlo a pesar de que no haya evidencia de cambio alguno. Esto no significa que mantengamos una actitud pasiva ante el abuso, la humillación o la agresión.

Más bien, si perdonamos, elevamos nuestra dignidad y esta nos permite tener la firmeza necesaria para parar el abuso.

Lo contrario al perdón es el rechazo. Este casi siempre trae consigo aislamiento, amargura y un fuerte distanciamiento. Un joven escribió a sus padres a fin de informarles que se iba a casar con su prometida, con su consentimiento o sin él. Puede ser que este joven haya sido bastante terco e insensible, pero aun así, la carta que recibió de su padre lo dejó sin aliento. Decía: «No te preocupes por invitarnos a la boda: ya no tenemos hijo». Esto jamás se debe expresar, porque podríamos lamentarlo por mucho tiempo (si no, para siempre).

El perdón debe darse a pesar de las heridas profundas, los sueños frustrados o las promesas rotas. Sin el perdón, no hay esperanza para la reconciliación con la familia. Es posible que sea difícil perdonar a alguien que hiere demasiado, pero hacerlo es algo que libera el camino para la reconciliación.

Hay dos definiciones de perdón que deben tenerse presente para comprender en qué consiste. Tony Campbell expresó: «El perdón no es un beneficio que le confiero a otra persona, es una libertad que me doy a mí mismo», y el doctor Archibald Hart señaló: «Perdonar es renunciar al derecho de herirte porque me has herido».

Solo cuando en realidad renunciamos a nuestro derecho de tomar venganza, de señalar y juzgar, hemos perdonado con sinceridad. Todos debemos luchar por alcanzar esta libertad y, al hacerlo, aumentamos nuestra capacidad de amar.

Existen personas a las que el perdón se les dificulta en gran medida. El problema es que se resisten a dejar la ofensa en el pasado. Es frecuente que estos individuos no puedan reconocer el daño y el desgaste que sufren por conservar su «orgullo». La falta de perdón ocasiona que la amargura, el rencor, el enojo, el dolor y la frustración estén presentes de forma constante; por eso la persona que se encuentra atada a esos sentimientos negativos no es libre en sí y, en la medida en que permanezca en esa posición, se deterioran su salud y su vida emocional.

El perdón no es fácil de comprender. Por lo general estamos esperando «sentir el deseo» para otorgarlo. Sin embargo, más allá de sentir, está la decisión de renunciar al derecho que creemos tener de vengarnos por lo que nos han hecho. Es optar por ser libres de los sentimientos que se quedaron atrapados en un pasado distante.

No obstante, a pesar de todos los beneficios que reconocemos en el perdón, además de que no es fácil de comprender, tampoco es fácil de otorgar. Se requiere voluntad, decisión y perseverancia para sostenerlo en el tiempo. El perdón es un proceso, y la señal más contundente de que este proceso ha dado su fruto se hará evidente cuando un día nos sorprendan los recuerdos de lo ocurrido y ya no experimentemos dolor.

Sin lugar a dudas, ante una ofensa, el perdón es la única forma de amar y restituir lo negativo; porque de lo contrario, no hay reencuentro y, mucho menos, armonía. El perdón es la única forma de ser libre de la amargura y del rechazo.

El meollo de la comunicación

Efesios 4:32 nos recomienda: «Más bien, sean bondadosos y compasivos unos con otros, y perdónense mutuamente, así como Dios los perdonó a ustedes en Cristo».

La recomendación bíblica es válida porque todos, a pesar del amor que nos tengamos, vamos a lastimar a las demás personas y, principalmente, a nuestra familia. Esto independientemente de cuánto amor o cuánta estima exista entre nosotros. ¿Por qué? Porque no somos perfectos y porque, en ocasiones, nos lanzamos a expresar lo que pensamos y sentimos sin considerar las consecuencias. Y este dolor sufrido a causa de que nos lastimaron es uno de los más profundos que existen porque no esperamos que aquellos que conforman nuestro círculo íntimo, en quienes confiamos y a los que nos entregamos, nos lastimen.

Lo cierto es que, debido a la cercanía y la confianza, podemos lastimar de dos maneras: involuntaria, donde solo el que se sintió ofendido lo percibió de esa manera; como, por ejemplo, cuando la otra persona se siente ignorada, no comprendida o escuchada, subestimada; o cuando no respondemos en la forma que ella espera u obviamos detalles que cree importantes. O bien, lastimamos en forma consciente; como, por ejemplo, cuando nos comunicamos mal, producto del cansancio o de las preocupaciones; cuando reaccionamos equivocadamente por no tomarnos el tiempo de averiguar qué fue lo que sucedió o cuando estamos a la defensiva porque antes nos hemos sentido lastimados por terceros. ¿Cómo lo hacemos? Levantamos la voz, realizamos un gesto, rechazamos, menospreciamos, humillamos u ofendemos.

Por otro lado, incluso si deseamos pedir perdón y nos mostramos arrepentidos por las heridas que causamos en el otro, puede que ese perdón, esa disculpa, no sea bien recibida. ¿Por qué? Porque cada uno de nosotros pide perdón de una forma diferente. Así como expresamos amor de una manera particular, todos nos disculpamos a nuestra manera. Ella dice: «Mi esposo nunca se disculpa, nunca me pide perdón. Lo único que dice cuando me ha lastimado o se ha equivocado es: «Lo siento, perdón». Eso me enoja, porque para mí eso no es una disculpa. Quiero que él admita que se equivocó, me pida perdón y me asegure que no lo hará más». Pero el esposo insiste: «¿Pero qué más quiere que le diga? Ya le dije que lo siento. Pero para ella eso no es suficiente». Es aquí donde surge la pregunta: si el esposo realmente está expresando un arrepentimiento genuino, ¿por qué ella no lo acepta? Simple: ella tiene una forma diferente de interpretar la forma en que debe pedirse perdón. Ambos están hablando sinceramente, pero lo están expresando en lenguajes diferentes. Debemos aprender a escuchar para procurar comprender lo que nos están diciendo y así distinguir cómo le agrada a la otra persona que le expresemos nuestro arrepentimiento. Porque todos nos equivocamos, debemos saber expresar disculpas en el lenguaje que el otro pueda interpretarlo correctamente. Después de todo, la disculpa tiene como objetivo final la reconciliación y la restauración de las relaciones lastimadas.

En este asunto de lastimar a otros o de que otros se sientan ofendidos por nosotros, y en el de pedir disculpas, juega un papel preponderante el tema de la comunicación. ¿Por qué? Porque en ella va implícita toda la interacción humana. La comunicación tiene un emisor, que es aquel que transmite un mensaje; un receptor, que es quien lo recibe; el mensaje en sí mismo, que es la propia información transmitida; un código, que es el conjunto o sistema de signos que el emisor utiliza para codificar el mensaje; un canal, que es el elemento físico por donde el emisor transmite la información y que el receptor capta por los sentidos corporales (oído, vista, tacto, olfato y gusto); y un contexto, donde se superponen las circunstancias temporales, espaciales y socioculturales que rodean el hecho o acto comunicativo y que permiten o no comprender el mensaje en su justa medida. De modo que si surge una falla en ese proceso, las probabilidades de que alguien se ofenda o interprete erróneamente, aun una buena intención, son muy altas. Es muy posible interpretar mal el mensaje, lo que crearía heridas, dolor, frustración y distancia. Y en un ciclo de acción-reacción, la persona lastimada, lastima, y ninguno sabrá cómo expresar lo que siente.

Tenemos que superar esos obstáculos, pues, cuando la otra persona está herida, es nuestra obligación procurar su salud emocional y restaurar la relación. Para esto debemos recorrer el camino de pedir perdón. No necesariamente la relación se va a restaurar de forma inmediata (o del todo), pero si nos disculpamos sinceramente, abrimos el camino a la restauración.

Lo que impide el perdón, reacciones y cómo posicionarnos

1. Orgullo

Esta es la principal causa. No deseamos reconocer que hemos lastimado por simple orgullo. El orgullo se manifiesta cuando hacemos prevalecer nuestro ego sobre los sentimientos de los demás. El orgullo nos hace insensibles, hirientes y, en ocasiones, no somos conscientes de la gravedad del daño que hemos ocasionado. Pero precisamente, podemos impedir la restauración cuando no somos conscientes de que la otra persona está herida. Por eso es importante que cuando nos sintamos lastimados, luego de enfriar nuestras emociones, comuniquemos cómo nos sentimos. Al comunicar que estamos afectados o lastimados, debemos hacerlo sin juzgar a la otra persona, porque no necesariamente nos hirió con intención. Normalmente, reaccionamos a la ofensa y herimos de nuevo como un mecanismo de defensa o un acto de venganza, pero solo se manifiesta cuando permitimos que el orgullo domine nuestra reacción. En algunos momentos, no nos disculpamos porque creemos que la otra persona merecía ser tratada de la forma en que lo hicimos. Esta es una expresión de menosprecio hacia los sentimientos de los demás, pero también evidencia que estamos heridos y por eso estamos lastimando también.

2. Autojustificación

Sucede cuando no damos el brazo a torcer o cuando queremos salir del paso nada más, en lugar de restituir la ofensa. Pero el pedir perdón debe surgir de un arrepentimiento sincero y de reconocer que causamos una herida. El objetivo final del perdón es disminuir el dolor en la otra persona y procurar restaurar la relación. Debemos aceptar como una máxima en nuestra vida el hecho de que, si la otra persona está herida, lo único que queda es sanar lo que duele. No es el momento de justificarnos o de subestimar los sentimientos de la otra persona, es tiempo de restaurar a quien está ofendido. Siempre vamos a intentar racionalizar nuestro actuar, pero cuando la persona que amamos está herida, lo único que queda es el camino de la disculpa.

3. Indiferencia

Cuando subestimamos los sentimientos de la otra persona normalmente reaccionamos con indiferencia, la cual justificamos diciendo que con el tiempo lo va a superar o que, eventualmente, va a entender nuestra forma de demostrar afecto... aunque sea totalmente opuesto a lo que el otro espera; pero la verdad es que la otra persona resiente lo que percibe como falta de afecto y sensibilidad. En una pareja herida, ella dice: «Te envío mensajes de amor y te escribo cartas expresándote cuánto te necesito, y te digo cuánto te amo. Pero me siento ignorada, nunca me respondes. Quisiera que me dijeras que me amas, nada más. Me siento abandonada, incomprendida y creo que no quieres hacer ningún esfuerzo por demostrarme que me amas». Él responde: «Yo ayudo en la casa, hago las compras, trabajo duro para pagar cuentas, pero nunca lleno tus expectativas. Me esfuerzo y no me siento apreciado o valorado. No sé qué más es lo que quieres». Ella contesta: «Parecemos dos extraños compartiendo una misma casa. Nunca me acaricias o me dices: "te amo". Extraño tus palabras de afecto. El romance lo perdimos hace años». Y esto podría convertirse en un círculo donde lo que perciben como indiferencia del otro logra distanciarlos.

Cuando prestamos atención a las necesidades del otro y no a

la manera en que queremos responder a ellas en nuestra propia subjetividad, así sea con la mejor intención del mundo, es cuando abrimos el camino al entendimiento, a la cercanía y a la intimidad.

4. Amargura

El autor de Hebreos nos advierte sobre la amargura:

> «Asegúrense de que nadie deje de alcanzar la gracia de Dios; de que ninguna raíz amarga brote y cause dificultades y corrompa a muchos».
>
> —Hebreos 12:15

Cuando la amargura inunda el corazón, todo nuestro ánimo decae y entra el enojo. Eso mismo le ocurrió a Caín:

> «(...) Por eso Caín se enfureció y andaba cabizbajo».
>
> —Génesis 4:5

El enojo busca una forma de manifestarse, necesita una forma de salir, quiere expresarse; si no lo dominamos a tiempo, sus efectos pueden ser de dolor, de muerte, y destruimos nuestra vida y la de los demás. Y es que la amargura tiene un efecto contagioso: lastima a todos los que están a nuestro lado. ¿Pero cuándo aparece la amargura? Cuando retenemos la ofensa más de la cuenta, se convierte en amargura. La amargura se instala cuando rehusamos perdonar las ofensas y, como el cáncer, crece y crece hasta que destruye todo lo que la rodea; por eso, todo dolor experimentado por una ofensa debe ser expresado, para no darle lugar. La amargura y el odio no logran nada, y consumirán nuestras fuerzas totalmente porque deseamos que nos restituyan, queremos justicia ante una decepción. La amargura se alimenta del resentimiento, que es enojo que tenemos contra otra persona a causa de la ofensa causada.

Una persona amargada está dañando su salud física y emocional. La amargura daña a quien la tiene, a su círculo más íntimo y no produce ningún efecto en la persona que provocó la herida. Por lo tanto, la amargura no sana el corazón. Lo que sana el corazón es el perdón. Si el perdón no se otorga a tiempo, podríamos caer en deseos de venganza profundos.

Dios le dijo a Caín: «Si hicieras lo bueno, podrías andar con la frente en alto. Pero si haces lo malo, el pecado te acecha, como

una fiera lista para atraparte. No obstante, tú puedes dominarlo»
(Génesis 4:7). Dios nos ha dado la posibilidad de dominar el enojo
que produce amargura. Y esa es una buena noticia.

5. No ponernos en los zapatos del otro

Leí el caso de una joven que tiene un padre que nunca satis-
fizo las necesidades de amor, atención y aceptación que ella tenía
cuando era niña. Pero un día ella se enteró, por casualidad, de
que su papá había sido tratado muy mal y herido emocionalmente
cuando era niño. Su padre y su madre habían muerto cuando él
era un muchacho, y su tía, a quien se lo habían enviado, era tan se-
vera que le había prohibido llorar. Después de enterarse de eso, ella,
de pronto, vio a su papá de una manera distinta. Él no era simplemente un padre que rechazaba a su hija, sino un hombre con un
impedimento emocional.

Con frecuencia, los seres queridos que siempre nos hacen
sentir frustrados y desilusionados actúan como reacción a las heridas profundas de su niñez. Si reaccionáramos compasivamente
hacia ellos, en vez de esperar que se conviertan en la clase de personas que no pueden ser, podríamos transformar nuestras familias en lugares de armonía.

UN CICLO POR ROMPER

Si la persona no logra disculparse, hace que el enojo y la ira crezcan
en nosotros. Si no logramos canalizar el enojo, podría llegar la
amargura y llevarnos a reacciones violentas, pues ella está alimen-
tada por el deseo de que se haga justicia. Cuando sentimos que no
se hace justicia, vamos a procurar vengarnos; todo porque estamos
ofendidos. Todo esto se evitaría si estableciéramos una relación que
nos permitiera expresar lo que sentimos y que facilitara que la otra
persona asumiese su responsabilidad y se disculpase.

Muchas veces, en el matrimonio, las peleas surgen no necesariamente por las diferencias entre ambos, sino porque no han sido
capaces de cerrar las heridas, disculpándose y pidiendo perdón
como corresponde. Esto hace que ambos estén reaccionando con
enojo. En muchas ocasiones he escuchado a las esposas decir:
«Me subestima, me humilla y, luego, quiere que sea cariñosa con

él». Ellos han dicho: «Ella me trata como si fuera un niño y quiere controlar todo lo que hago. No quiero tener una mamá en casa». Cuando no detenemos este tipo de trato, la herida crece y lo que hacemos es reaccionar erróneamente. Ambos están lastimados, enojados y están errando en el trato con el otro. Al no reconocer que están lastimando a su cónyuge, no piden perdón. Cuando no nos disculpamos ni pedimos perdón, nos alejamos y vamos a generar culpa en nosotros, y esa sensación roba las fuerzas porque no deseamos estar distantes de la persona a quien amamos.

Todo se resolvería si valientemente se pidieran perdón el uno al otro y determinaran tratarse con respeto y consideración, desechando las formas en que expresamos disgusto y haciendo a un lado castigarse con el silencio, la indiferencia y la distancia. Toda relación se torna saludable y crece cuando ambos están dispuestos a disculparse.

El perdón es sincero cuando la persona admite la responsabilidad de su comportamiento y trata de restituir la falta cometida. Esto requiere humildad y madurez. Pedir perdón tiene el poder de sanar heridas y nos quita un peso de encima.

En toda relación saludable vamos a procurar disculparnos porque apreciamos el amor que nos une y no deseamos estar distantes. Las relaciones fuertes se caracterizan por la disposición a disculparnos, perdonar y recorrer el camino de la reconciliación.

APRENDIENDO A PEDIR PERDÓN

Tenemos que aprender a pedir perdón. Tenemos que aprender la forma en que a la otra persona le agrada que nos disculpemos. Esto es identificación y es necesaria para restaurar al otro.

Cuando nos disculpamos de tal forma que el otro logra interpretarnos de la manera correcta, facilitamos que él nos otorgue el perdón y que la relación recobre su confianza.

No solo tenemos que aprender a pedir perdón para que comprendan que estamos arrepentidos, sino que debemos estar dispuestos a recorrer el camino que facilita sanar la herida. Esto significa generar espacio y dar el tiempo que sea necesario.

El proceso del perdón

El sabio de Proverbios nos dice en el capítulo 19, versículo 11: «El buen juicio hace al hombre paciente; su gloria es pasar por alto la ofensa».

Para que surja el perdón y se restaure la relación, las partes involucradas deben prepararse: tanto el ofensor, demostrando una actitud de arrepentimiento, una responsabilidad asumida y una restitución por el daño, como el ofendido, mostrando paciencia, tolerancia y hasta sabiduría.

Lo que inicia el proceso es estar dispuesto a recorrer el camino. Requiere valentía y la capacidad de valorar los sentimientos de la otra persona. En ocasiones, debemos disculparnos, a pesar de que consideremos que no hemos lastimado, o bien, que lo que hicimos no es tan grave; e igualmente, mostrar misericordia por el otro si somos los agraviados. ¿Cómo lo hacemos?

1. Expresemos arrepentimiento

Esta cita es impresionante:

> «El que afirma que está en la luz, pero odia a su hermano, todavía está en la oscuridad. El que ama a su hermano permanece en la luz, y no hay nada en su vida que lo haga tropezar. Pero el que odia a su hermano está en la oscuridad y en ella vive, y no sabe a dónde va porque la oscuridad no lo deja ver».
>
> —1 Juan 2:9-11

Arrepentimiento es experimentar un cambio de actitud, un cambio de conducta. Es cambiar nuestro estilo de vida porque tenemos conciencia de que no estuvo bien lo que hicimos o dijimos. Todo arrepentimiento inicia con un cambio en la forma de pensar, en asumir una nueva perspectiva de la vida.

El arrepentimiento se demuestra con obras que evidencian ese cambio, una actitud humilde de reconocimiento que permite volver a darle forma al carácter.

El arrepentimiento no es una emoción, pues pocos sienten arrepentirse por lo que hicieron; es una acción madura y pensada. Una persona arrepentida admite que falló y cambia de dirección o corrige su conducta.

Es el arrepentimiento lo que nos conduce a tener una identificación con los sentimientos de la otra persona. Es lo que nos mueve a decir: «Lo siento, lo siento mucho». Si gritábamos, ya no lo hacemos más. Si castigábamos con el silencio, procuramos hablar y expresar lo que sentimos para producir un acercamiento. Si menospreciábamos los pensamientos de la otra persona, ya no lo hacemos; ahora otorgamos toda nuestra atención. No significa que seamos perfectos, pero sí damos fruto de arrepentimiento y, por lo tanto, experimentamos un cambio ascendente.

2. Aceptemos la responsabilidad

Para experimentar un verdadero arrepentimiento, debemos examinar nuestra actitud y reconocer el daño provocado. Debemos hacer una evaluación honesta de lo ocurrido y asumir la responsabilidad. «Soy responsable por lo que hice». Eliminemos las excusas y asumamos una actitud honesta con nosotros mismos y con el otro.

3. Restituyamos el daño provocado

Si hemos lastimado, debemos buscar ser perdonados, pero para esto debemos asumir nuestra responsabilidad y estar dispuestos a restaurar a la otra persona. Es lo que nos mueve a preguntar: «¿Qué puedo hacer para restituirte?».

Y es el arrepentimiento el que definitivamente nos va a guiar a restituir el daño provocado. No solo pedimos perdón, sino que nos sentimos obligados a subsanar el dolor ajeno. Y lo hermoso es que Dios no nos deja solos en esta tarea:

> «Éste es el mensaje que hemos oído de él y que les anunciamos: Dios es luz y en él no hay ninguna oscuridad. Si afirmamos que tenemos comunión con él, pero vivimos en la oscuridad, mentimos y no ponemos en práctica la verdad. Pero si vivimos en la luz, así como él está en la luz, tenemos comunión unos con otros, y la sangre de su Hijo Jesucristo nos limpia de todo pecado».
>
> —1 Juan 1:5-7

4. Otorguemos perdón

¿Quiere leer conmigo una de las enseñanzas más ricas de la Biblia?

«Ustedes deben orar así: "Padre nuestro que estás en el cielo, santificado sea tu nombre, venga tu reino, hágase tu voluntad en la tierra como en el cielo. Danos hoy nuestro pan cotidiano. Perdónanos nuestras deudas, como también nosotros hemos perdonado a nuestros deudores. Y no nos dejes caer en tentación, sino líbranos del maligno'. Porque si perdonan a otros sus ofensas, también los perdonará a ustedes su Padre celestial. Pero si no perdonan a otros sus ofensas, tampoco su Padre les perdonará a ustedes las suyas"».

—Mateo 6:9-15

Perdonar es la acción y el resultado de liberar a una persona de una deuda, una obligación o un castigo. Es quitar la responsabilidad sobre los hombros de las demás personas y renunciar al derecho de herir por lo que nos han hecho.

Una de las razones por las cuales no deseamos perdonar es porque no queremos que la otra persona quede sin un castigo, y sentimos que si perdonamos, no se hace justicia. Pero la venganza no sana las emociones, lo único que lo logra es el perdón. Perdonar es renunciar al deseo de venganza, por eso duele perdonar. La única manera de sanar la herida es perdonar.

El no perdonar produce amargura, pero el fruto del perdón es la paz interior. Si insistimos en el castigo de la otra persona, no encontraremos paz. La amargura se aferra a la ofensa; pero el perdón, la libera. La amargura se manifiesta con ataques de ira, un sentimiento de molestia constante, problemas de sueño, depresión, aislamiento, aumento de la presión arterial. Pero la paz nos libera de todo eso.

Perdonamos a pesar de que reconocemos que hemos sido heridos y nos duele lo que se nos ha hecho. Esto no significa justificar o negar lo que ocurrió, es precisamente porque estamos heridos que debemos recorrer el camino del perdón. Perdonar no significa que vamos a desear pasear con esa persona, pero sí significa liberarnos de la amargura que tenemos por lo que nos hizo.

Si no hemos perdonado verdaderamente, en algún momento

saldrá a la luz, porque hablaremos de eso. Pero si ya hemos perdonado, nuestras palabras lo demostrarán. La amargura se ha ido cuando no hablamos mal de la otra persona con los demás y deseamos sinceramente que le vaya bien en la vida. El perdón es una actitud, un estilo de vida; porque todos seremos heridos muchas veces, y todos heriremos también a alguien, pero debemos decidir que nada ni nadie podrá robarnos la paz que merecemos para vivir. Por ello el perdón es una decisión, no un sentimiento. Es una decisión personal, independientemente de lo que haga o diga el ofensor. Esto es lo que posibilita vivir como si la ofensa no se hubiera dado. El perdón sana las emociones, pero se origina en la voluntad. Es decidir dejar sin efecto la ofensa. Es muy difícil, pero es el camino a la libertad, porque pone la responsabilidad sobre nuestros hombros. Es decidir deshacer la lista de las ofensas antes de que amargue el corazón. Así, el resentimiento no dominará nuestras actitudes y la amargura no se apoderará de nosotros.

Recorramos el camino del perdón y sostengámoslo en el tiempo. Primero, reconozcamos que estamos heridos, identifiquemos qué es lo que nos lastimó y quién lo hizo. Luego, declaremos que en lugar de odio, resentimiento y deseos de venganza, vamos a liberar de la culpa a esa persona. Esto no significa justificar lo malo que se hizo: es dejar sin efecto el daño que se nos causó. Cada vez que venga a nuestra mente lo que sucedió, deseemos el bien para la otra persona, en lugar de alimentar el rencor. Luchemos contra el resentimiento hasta controlarlo. Digamos: «Decido perdonarlo por lo que me hizo». Esto es lo que logra que si la otra persona decide disculparse, nos resulte fácil otorgarle el perdón y restaurar la relación.

Sea que nos ofrezcan perdón o no, no podemos esperar a ser liberados por un tercero. Esa paz que buscamos está en nosotros. Definitivamente, toda ofensa implica tratar lo ocurrido, enfrentar la circunstancia, establecer límites, perdonar, procurar tener la certeza de que el ofensor tenga un arrepentimiento genuino; pero no vamos a negociar nuestra paz interior por la conducta de otra persona. Debemos perdonar siempre, aunque la relación no se restituya. El objetivo del perdón no necesariamente es la restauración total de la relación, pero sí disminuir el dolor emocional que sentimos. El perdón nos libera del rencor y nos permite volver a amar. Perdonamos para ser libres de la amargura y del resentimiento, para recuperar el equilibrio emocional, para no dañarnos más y para no lastimar a los demás.

Vea qué hermoso lo que nos dice la Escritura en Filipenses 3:12-14:

> «No es que ya lo haya conseguido todo, o que ya sea perfecto. Sin embargo, sigo adelante esperando alcanzar aquello para lo cual Cristo Jesús me alcanzó a mí. Hermanos, no pienso que yo mismo lo haya logrado ya. Más bien, una cosa hago: olvidando lo que queda atrás y esforzándome por alcanzar lo que está delante, sigo avanzando hacia la meta para ganar el premio que Dios ofrece mediante su llamamiento celestial en Cristo Jesús».

Restaurando la relación

No siempre se puede restaurar una relación porque no siempre es posible o conviene hacerlo. Por ejemplo, una persona herida puede perdonar al ofensor, pero no necesariamente reconciliarse o volver a tener la relación que un día tuvieron; y, si ha mediado la agresión o el abuso, más lejos está esa posibilidad.

Sin embargo, la mayoría de las veces, el deseo de reconciliarse es más fuerte que el dolor causado por la acción, y por eso es que pedimos perdón. La familia no está diseñada para vivir distante, tenemos una gran necesidad de estar cerca. Mientras más cercanos seamos, más estaremos inclinados a restaurar la relación.

El perdón facilita que se genere el espacio para la reconciliación. Pero esto no necesariamente ocurre de inmediato; es esencial propiciar el tiempo y el espacio para que la otra persona procese sus sentimientos. La reconciliación implica un restablecimiento de la amistad y de la confianza, lo cual requiere un proceso, la voluntad y el esfuerzo de ambos. Es una decisión de las dos partes: no se logra presionando a la otra persona.

MI PAPÁ Y YO:
SOLAMENTE DOS PERSONAS CONOCIDAS

Haber perdonado y recorrer el camino que facilite la reconciliación podría producir una inmensa paz.

Le presento la historia de mi buen amigo José Calvo. Él nos cuenta cómo recorrió el camino del perdón y cómo confrontó a su padre para cerrar el ciclo en su vida.

«No podría afirmar que la relación con mi papá fuese tormentosa; en realidad eso nunca se hubiera dado porque nunca vivimos juntos ni tampoco guardábamos una relación, ni siquiera de amigos, lamentablemente. Éramos solamente dos personas conocidas. La poca relación que tuvimos se generó por mi iniciativa, buscando más que todo que no quedaran cabos sueltos. Pensé que su naturaleza le demandaba el comportamiento tal cual era. En realidad cada uno da lo que cada uno tiene: él no podía darme lo que nunca le fue dado. Siempre consideré que lo que yo tenía lo podía ayudar y bendecir mucho; no así lo que él poseía: una vida de desenfreno, de aventuras amorosas, dejando en su trayecto a hijos abandonados, una vida de bohemio. El primer contacto directo que tuve con él fue a mis 9 años, cuando me di cuenta de que él tenía fuertes problemas con el alcohol; luego, a mis 16 años, cuando llegué a su casa a ver a su padre que tenía cáncer. Después de eso, perdimos eso poco que habíamos logrado (o al menos lo que yo creía haber alcanzado), hasta diez años más tarde, cuando una noche lo encontré…Fue aquella noche en diciembre. Esa noche, llegué a casa de Guillermo e Ileana y, sin saber qué debía decir, atiné a decirles que los amaba mucho y que ni ellos ni yo éramos culpables de los errores de nuestro padre. Mis hermanos habían sido fruto de matrimonio; pero al morir su mamá, siendo ellos muy pequeños, quedaron bajo el cuidado de su abuela materna, la que celosamente los condujo por los caminos del Señor en ausencia de mi padre, que los abandonó para seguir su vida de bohemio. Al salir de su casa, me enfilé sobre la acera y a los pocos metros vi a mi padre venir. Rara vez él visitaba a los muchachos. Al verme, quiso pasarse de acera y me adelanté, lo tomé del brazo y le pedí que se mantuviera quieto. Viéndolo fijamente a sus ojos, le dije: "Mira, ya está bueno de huir. Tengo 27 años y no te busco para que me des algo, en realidad soy yo quien te puede dar mucho. Solo te pido un favor: dime, aquí entre tú y yo, que no soy tu hijo. Tienes una sombra que te ha seguido por más de veinticinco años y no te ha dejado en paz. A toda tu familia y a tus amigos y compañeros les has dicho que no soy tu hijo, pero a mí nunca me lo has dicho; por favor, dime esta noche que no soy tu hijo para que esa sombra se disipe y puedas caminar libremente el resto de tu vida, pero dímelo a mí". El silencio se enseñoreó de ese momento hasta que él, sacando fuerzas de donde no tenía, lo rompió y, viéndome a los ojos, dijo: "Ya no más, José Antonio. Estoy cansado de todo esto; tú eres mi hijo. Tus ojos, tu voz, tu cara. Tú eres mío y siempre lo he sabido". No habló más porque su voz se quebró y se lanzó sobre mí para abrazarme. Aquello era extraño, yo no estaba preparado para eso, ¿o sí...? No sé...Lo cierto es que se soltó a llorar y me pidió perdón. Dos extraños que al rato no lo eran tanto estaban abrazados en aquella pequeña acera. Le dije que nunca había dudado de mi madre, que en varias ocasiones la abordé con la pregunta de si otra persona había llegado a su vida en el tiempo en que él había estado con ella; que me diera la oportunidad de pensar en otra opción como mi padre, y siempre me dijo lo mismo: "Yo era una joven de 20 años cuando conocí a tu papá y quedé embarazada de él y solamente con él tuve relaciones, pero él se encargó de difamarme y me puso en los labios de todo el mundo al punto de que sus mismos compañeros de cantina se dejaron decir que todos se habían acostado conmigo". Le mencioné que estaba felizmente casado, que servía a Dios y que tenía un hijo llamado David, que cumpliría un año en enero próximo, que si quería conocerlo tenía las puertas abiertas para hacerlo, así como llegar a mi casa cuando lo deseara. Después de esa noche, nuestra relación cambió significativamente, al punto de que llegó esa Navidad con un regalo para mi hijo David, su nieto. Mi madre todos los diciembres hacía su cena de Navidad, se las agenciaba para que todos estuviéramos ahí y pasáramos un buen tiempo. Un año me tomó por sorpresa cuando me preguntó si yo quería que mi padre estuviera en la cena, a lo que le dije que ella era quien decidía eso, que de ninguna manera quería que se sintiera presionada u obligada a hacerlo. Ella lo decidió así y así se hizo. Fue la única Navidad, en toda mi vida, que pasé con ambos. Siempre admiré a mi madre por aquel gesto.

Los años seguían pasando. Un día, participé en un congreso de hombres. De un momento a otro se abrió una gran pantalla ante mis ojos y miré en ella a mi padre y a mí frente a él, abordándolo con inquietudes y preguntas. Me vi preguntándole si sabía el día en que yo había nacido; si conocía las cosas a las que les tenía miedo; si alguna vez, un diciembre, pensó en llevarme un regalo; si alguna vez se acordó de que tenía un hijo. Le dije: "No me respondas ninguna de estas preguntas; déjame solamente sentarme en tu regazo para saber qué se siente estar sentado en el regazo de un papá". Aquella visión me desarmó y comencé a llorar como un niño, como el niño que aún dentro de mí llevaba, sin haberme percatado conscientemente de ello, y que necesitaba con urgencia un trato especial de Dios para sanar heridas que ni imaginaba que ahí estaban. Yo había pensado que con solo la relación tan esporádica que mantenía con mi padre ya se habían sanado muchas cosas, y ahora me encontraba con todo lo contrario.

Al regresar a mi país, lo busqué, lo llamé a su casa y lo invité a salir conmigo. El sábado 3 de julio de ese año, quedó en firme que iría por él y lo llevaría a una montaña donde había un campamento. Era la primera vez en mi vida que salía con mi papá, y no era precisamente a pasear. Al llegar, nos sentamos en un pequeño rancho y ahí, frente a frente, le pedí que por favor no me interrumpiera hasta que terminara de contarle algunas cosas que tenía en mi corazón. Le dije: "No sé si sabías que nací un 29 de enero a las seis de la tarde, que me han operado más de diez veces y que mi mamá me vestía con ropa interior de mujer porque era más barata que los calzoncillos; que por mucho tiempo mi bulto fue una bolsa plástica en la que llevaba mis cuadernos; que en casa no tuve a alguien que me ayudara en mis tareas porque la abuela no sabía leer ni escribir, y que mis tareas siempre llegaban incompletas aunque yo creía que estaban bien; que fui el único alumno de mi aula que no tenía papá y que extrañamente llevaba los mismos apellidos de mi madre; que para el Día del Padre de tercer grado de la escuela, la maestra Merce nos pidió dinero para

que le hiciéramos un regalo al papá. Por qué razón, no lo sé, pero
yo llevé el dinero; íbamos a regalarle tres pañuelos y un jabón en-
vuelto en papel de regalo. Al lado mío se sentaba un niño llamado
David, quien empezó a llorar porque él no había traído nada para
su papá; mientras tanto yo estaba concentrado en mi labor, sacando las medidas del papel y la forma en que iba a acomodar
los regalos en él. David seguía llorando y la maestra Merce, empezando a perder la paciencia, le decía: 'Ya, David, haga silencio,
no es culpa mía que usted no haya traído lo que se les pidió'. El
niño seguía llorando y yo, cortando el papel. David no cesaba de
llorar y, aunque era incómodo para todos oírlo llorar, yo estaba
inmerso en mis tareas. El papel estaba listo, sobre él descansaban
los tres pañuelos y el jabón, y con la mayor de las delicadezas me
disponía a empezar a doblarlo sobre ellos y pegar la cinta que ya
estaba preparada. David no cesaba de llorar, la maestra Merce se
detuvo entre los dos y le dijo casi gritado: '¡Ya está bien, David!', y
extendiendo su brazo hacia mi mesa, puso su mano sobre mis pañuelos, el jabón y el papel de regalo y, tomándolo todo, los puso
sobre el escritorio de David y dijo: 'Tome, envuélvalos y cállese
ya; de por sí, José Antonio no tiene papá'. De la manera más cruel
en que un niño puede ser golpeado, así fue aquel momento para
mí. En ese instante, fui enfrentado a mi cruda realidad. No sé por
qué razón había olvidado, en todos esos días desde el momento en
que la maestra Merce había hablado del Día del Padre y de un regalo para él, que yo no contaba con un papá. No he podido olvidar
esta fecha. Era el único en la clase que era hijo natural ('metida
de patas', decía la abuela; 'ilegítimo', decían en la escuela; 'bas-
tardo', decían otros, sin ser reconocido). Salí de la escuela con dos
de mis compañeros, quienes me acompañaron en silencio y no tenían nada que decirme; a veces me abrazaba uno, a veces el otro;
hacían piruetas en el camino con el fin de distraerme, pero yo iba
absorto, mirando hacia el suelo y disimulando, a más no haber,
algunas lágrimas que querían salir de mis ojos con un gran taco
en la garganta. Cuando cada uno de mis acompañantes quedó en
el camino y cuando me vi solo, afloraron aquellas lágrimas. No
sé si sabías que fui de la cruz roja en la escuela y que me quebré
un brazo por querer aprender karate; que la cicatriz que llevo

en la ceja izquierda es el recuerdo de un cuchillo por meterme detrás de alguien que cortaba caña; que le tengo miedo a los rayos cuando llueve; que las noches me daban miedo cuando estaba lloviendo y que siempre deseé una voz de hombre que dijera en ellas: 'Tranquilo, amor, acá está papi; nada te va a pasar'. No sé si sabías que hice fila en Cáritas para que nos dieran harina, trigo y aceite porque el salario de mi mamá no alcanzaba para velar por la casa. No sé si sabías que solo un par de zapatos tenía y que, en una ocasión, se me quemó uno por ponerlos a secar en el horno de la cocina. No sé si sabías que mi casa tenía veintiocho goteras y, cuando llovía, no podía dormir tranquilo porque teníamos que estar pendientes de los tarros que se iban llenando para cambiarlos, y que un señor, muy buena gente, nos regaló el zinc para cambiarlo. No sé si sabías que no me gustan las tortas de macarrones porque fueron tantas las que me dieron que quedé hastiado de ellas". Para ese momento del relato, mis lágrimas no las podía contener, a pesar de mi esfuerzo. Sin embargo, mi papá se mantenía erguido como si nada de lo que estaba escuchando tuviera que ver con él. Hacía pausas para continuar y seguir abriendo mi corazón con él. El hombre seguía inmutable mientras yo sentía que me iba a ahogar en un baño de lágrimas que raudamente fluía desde lo más profundo de mi alma. Estaba decidido a salir de aquel lugar habiéndolo dicho todo aunque me generara dolor. Continué con mi relato: "Cuando era un niño, soñaba con que una canción se convirtiera en una realidad en mi vida, pero eso me duró hasta los 13 años. La canción decía, entre otras cosas: 'Madre, en la puerta hay un hombre, pide un pedazo de pan, está enfermo, muy enfermo, quiere que lo deje pasar, dice que él es mi padre y un beso me quiere dar. Madre, ¿por qué me dijiste que yo no tenía papá?'. Mi sueño era verte llegar y con el perdón constituir una familia, pero eso nunca se dio. Cuando llegué a quinto año del colegio, te vi en el autobús y, como teníamos un proyecto al que había que invertirle veinte dólares que luego se devolverían, creí que te los podía pedir prestados y me bajé seis paradas antes de la mía para abordarte con el tema y sacaste los veinte dólares de tu billetera y me dijiste lo siguiente: 'Esta es la primera y última vez que te doy dinero, porque tengo cosas más importantes en que invertirlo'. Aun así, te tomé el dinero, por la necesidad que tenía, y llegué a la casa con él. La abuela estaba angustiada porque no había arroz, ni frijoles, ni manteca, ni otras cosas y a mi mamá le faltaba mucho para que le pagaran. Terminé comprando lo que necesitábamos con aquel dinero cuya procedencia nunca la supo la abuela". Así le conté muchas otras cosas, hasta el punto de que hablé por más de dos horas sin ser interrumpido. Al término de ese tiempo, mi papá tomó la palabra y dijo: "Mira, no sabía a lo que venía, me has tomado por sorpresa, no me imaginaba que me ibas a hablar de todo esto. En realidad me estoy dando cuenta de muchas cosas. Al oírte, puedo estar claro que aunque mi mano no estuvo para socorrerte en los momentos malos, sí estuvo la mano de Dios y ahí ha estado toda tu vida, Él te ha guiado". Para ese momento, comenzaron a aflorar las lágrimas en él; pero aun así continuó, estaba determinado a sacar de su corazón lo que en él había respecto a mí: "Creo que no merezco estar sentado frente a ti, cualquier otra persona merece ser tu papá, pero no yo. Me siento orgulloso de estar aquí, pero no por las razones por las que estamos, sino por la persona que eres. En realidad, no sé qué hice para merecer el hijo que tengo. Perdón por todo el daño que te hice". A esa altura de la conversación, ambos compartíamos lágrimas. Un año después, el 23 de octubre, a la edad de 64 años, mi papá partió. Murió el mismo mes en que mi madre, once años atrás, había fallecido».

No importa si su padre, madre, hermano, hermana, esposo, esposa, hijo, hija, ha cambiado o no: recorra el camino del perdón, eso que nos permite vivir en libertad y paz. Pero sobre todo, eso que nos inspira a escribir una mejor historia…la nuestra.

Capítulo 6

EL VALOR DEL AFECTO

Mi abuelo fue mi padre y le doy infinitas gracias a Dios
por haber puesto en mi vida a un hombre tan bueno, que
se quitó el pan de la boca por sus nietos. Dios lo bendiga.

—GRETHEL

«SI YO SUPIERA QUE esta es la última vez que te veo salir por la puerta, te daría un fuerte abrazo y un gran beso, y te llamaría solamente para decirte: "Te amo". Si supiera que esta es la última vez que te voy a ver, me detendría para decirte "te amo", en lugar de asumir que lo sabes. Te besaría cinco veces más y, al final, te daría un fuerte abrazo. Si las lágrimas brotaran espontáneamente, dejaría que corrieran sin disimular que te amo. Y porque no sé cuándo será la última vez que te voy a ver, a partir de hoy viviré cada instante que tengo para decirte cuánto te amo, te valoro y te aprecio. Pasarán los años y de ellos recordaremos el abrazo y los momentos que pasamos juntos». Hermosas palabras de Julián para su padre. ¿Acaso algo podría ilustrar mejor lo que es el afecto?

El *Diccionario de la Real Academia Española* define afecto como la inclinación hacia algo o hacia alguien y añade que tiene que ver con el alma, con sus pasiones; especialmente, con el amor y el cariño.

La forma vital de proveer a la persona amada la seguridad de que es aceptada, valorada y apreciada es a través del afecto demostrado con el contacto físico, con palabras de afirmación y con acciones que lo demuestren. El apóstol Pablo lo expresa así:

«Por tanto, si sienten algún estímulo en su unión con Cristo, algún consuelo en su amor, algún compañerismo en el Espíritu, algún afecto entrañable, llénenme de alegría teniendo un mismo parecer, un mismo amor, unidos en alma y pensamiento. No hagan nada por egoísmo o vanidad; más bien, con humildad consideren a los demás como superiores a ustedes mismos. Cada uno debe velar no sólo por sus propios intereses sino también por los intereses de los demás».

—Filipenses 2:1-4

El expresar y recibir afecto nos provee de fuerza para no rendirnos ante la adversidad y los desafíos de la vida. Desde la niñez hasta la ancianidad, las personas necesitamos amar y ser amadas, valorar y ser valoradas, apreciar y ser apreciadas.

Escuché la historia de un niño de 4 años, que observando a su vecino llorar por el dolor de haber perdido a su esposa, fue y se subió a su regazo. Cuando su mamá le preguntó qué le había dicho al anciano que de repente dejó de llorar, el pequeño niño le contestó: «Nada... Solo le ayudé a llorar». Ese es el milagro del afecto sincero: ayuda a que las personas se sientan amadas, aceptadas, consoladas y valoradas.

Sin embargo, es necesario reconocer que no todos manifestamos de la misma forma lo que conlleva la expresión de afecto. Las diferencias son amplias y varían según el entorno familiar y social en que nos hemos criado. El ambiente nos enseña a ser más o menos expresivos, tanto verbalmente («te quiero»), como físicamente (un abrazo o un beso). Por lo tanto, encontramos personas a las que se les dificulta expresar y recibir muestras de afecto porque no lo han visto o aprendido en sus hogares, porque les da temor dar una imagen de debilidad y quieren ocultarse ante una expresión dura para no ser heridos. Cuando crecemos en ambientes donde expresar amor es un símbolo de debilidad, nos sentimos mal al expresarlo. Un día, en una charla sobre este tema, Liliana nos compartió cómo esto la marcó: «Mi padre me decía: "No llores, porque eso muestra debilidad; el mundo es de los fuertes, no de los débiles". Por eso no lloraba nunca. Aprendí a llorar en la iglesia. No soy de expresar afecto; es una coraza, y la utilizo de protección, porque así lo aprendí. Mis padres son buenos, pero no expresan sentimientos. He aprendido a tener relaciones más cercanas con personas que aprecio, pero no sé cómo expresar afecto. Mis hijas son así como soy yo: "no me toquen mucho", "no quiero que estén cerca"; con todo el mundo hay un límite. Admiro a los que se relacionan abiertamente con todos, yo soy más controlada. No soy de las que lloran, pero me duele que mi esposo me diga que no llore cuando quiero hacerlo. Cuando él me dice eso, me recuerda a mis padres. Él no sabe lidiar con mis lágrimas. Cuando eres así, la gente piensa que no sientes, porque te ven fuerte. Pero sí sientes, solo que no lo expresas. Encima, la gente te malinterpreta. Al contrario, uno sí lo siente y lo sientes más porque expresas menos. No es fácil vivir así, porque muchas veces quisiera abrazar y decir un "te amo" espontáneamente, pero no me nace. No era lo propio en casa».

Este relato de Liliana también nos da pie para mencionar otro punto, y es el de los prejuicios sociales; por ejemplo, la ideología machista, que no le permite al varón expresarse afectuosamente porque lo considera un comportamiento netamente femenino, lo que además lo imposibilita para saber manejar la expresión de las emociones en otros. No es raro leer en redes sociales esta frase: «Se le quiere», cuando un buen amigo apoya a otro en alguna eventualidad, como si decir: «Te quiero, amigo» fuera un insulto.

En todos estos casos hay que tener paciencia. No presione a nadie a hacer lo que en ese momento no siente expresar. Es un trabajo en el que su ejemplo es clave y la paciencia es importante. La comprensión, la perseverancia y el cariño es lo que permitirá, a individuos poco expresivos, conocer el camino al cambio y el valor del afecto. Por ello, aprenda a valorar las diferencias y a preguntar qué significa el afecto para la otra persona; esto puede ayudar a descubrir maneras de llegar al corazón de su familia. Recuerde: el amor se aprende, el don de dar y recibir afecto crece y se desarrolla cuando una persona vive con quienes expresan cariño.

Le transcribo lo que le escribió una hija a su padre el día de su cumpleaños: «Cómo no admirarte, si eres un ejemplo de amor, amistad, compañía, apoyo; eres todo, papi. Agradezco a Dios por ponerte a ti como mi guía. ¡Gracias por estar siempre! ¡Te Amo con todo mi corazón! ¡Eres un ejemplo digno de admirar!». Cuando las palabras brotan del corazón, se recuerdan para siempre. Por eso, si le cuesta verbalizarlo, escríbalo. Si le cuesta escribirlo, invite a cenar a la persona y hágalo en su honor. Pero no se guarde lo que siente, porque expresar afecto nos acerca.

CARACTERÍSTICAS DEL AFECTO

- Expresa aceptación, amor, admiración y reconocimiento.
- Puede ser verbal, un «te amo», «te aprecio», «te valoro», o físico, con un abrazo, un beso, un apretón de manos, o con acciones que sabemos alegrarán a la persona amada.
- Inspira solidaridad, reciprocidad, paz, alegría.
- Es espontáneo, no necesita un lugar especial, solo buena disposición.
- Es natural, no artificial.
- Es voluntario, no obligatorio.
- Debe ser aceptado y recíproco.
- Es respetuoso.
- Debe ser oportuno.
- Debe ser socialmente aceptado y nunca debe utilizarse para avergonzar a la otra persona.

EL AMOR RESTAURA, DIGNIFICA Y NOS ACERCA

Lo invito a que pueda vivir conmigo esta escena que siempre que la leo me cautiva, porque evidencia la esencia del amor. Observe a Jesús y la forma en que trata a la dama que besa sus pies. La que se arrastraba, termina perdonada, con dignidad y caminando erguida, porque ha sido amada.

«Uno de los fariseos invitó a Jesús a comer, así que fue a la casa del fariseo y se sentó a la mesa. Ahora bien, vivía en aquel pueblo una mujer que tenía fama de pecadora. Cuando ella se enteró de que Jesús estaba comiendo en casa del fariseo, se presentó con un frasco de alabastro lleno de perfume. Llorando, se arrojó a los pies de Jesús, de manera que se los bañaba en lágrimas. Luego se los secó con los cabellos; también se los besaba y se los ungía con el perfume. Al ver esto, el fariseo que lo había invitado dijo para sí: "Si este hombre fuera profeta, sabría quién es la que lo está tocando, y qué clase de mujer es: una pecadora". Entonces Jesús le dijo a manera de respuesta:

—Simón, tengo algo que decirte.

—Dime, Maestro, respondió.

—Dos hombres le debían dinero a cierto prestamista. Uno le debía quinientas monedas de plata, y el otro, cincuenta. Como no tenían con qué pagarle, les perdonó la deuda a los dos. Ahora bien, ¿cuál de los dos lo amará más?

—Supongo que aquel a quien más le perdonó, contestó Simón.

—Has juzgado bien, le dijo Jesús.

Luego se volvió hacia la mujer y le dijo a Simón:

—¿Ves a esta mujer? Cuando entré en tu casa, no me diste agua para los pies, pero ella me ha bañado los pies en lágrimas y me los ha secado con sus cabellos. Tú no me besaste, pero ella, desde que entré, no ha dejado de besarme los pies. Tú no me ungiste la cabeza con aceite, pero ella me ungió los pies con perfume. Por esto te digo: si ella ha amado mucho, es que sus muchos pecados le han sido perdonados. Pero a quien poco se le perdona, poco ama.

Entonces le dijo Jesús a ella:

—Tus pecados quedan perdonados. Los otros invitados comenzaron a decir entre sí: "¿Quién es éste, que hasta perdona pecados?".

—Tu fe te ha salvado —le dijo Jesús a la mujer—; vete en paz» (Lucas 7:36-50).

Lea bien el versículo 47: «Si ella ha amado mucho, es que sus muchos pecados le han sido perdonados». Es el perdón lo que nos faculta para amar.

A menos que seamos restaurados y enseñados en el arte de amar, nos será imposible expresar amor y dejarnos amar. Es el amor lo que nos pone de pie y nos hace caminar de nuevo, con el rostro en alto y la mirada de frente. Es el amor lo que nos hace ser generosos, entregados, desinteresados y apasionados.

Expresar afecto hace que las personas se sientan bien. El afecto es absolutamente necesario para el bienestar físico, emocional y espiritual. El afecto es agradable, nos da fuerzas, disminuye la ansiedad, alivia las tensiones, da paz, fortalece las relaciones, brinda seguridad, protección, confianza. El afecto hace más felices los días y más liviana la carga. ¿Debo añadir algo más? ¡Por favor, atrévase! ¿Cuándo fue la última vez que usted abrazó a su hijo, a su mamá, a su padre? Usted no sabe por cuánto tiempo los tendrá para decirles cuánto los ama. Por eso siempre es bueno expresar amor en las mil formas de hacerlo. Yanina le escribió así a su mamá el día de su cumpleaños: «¡¡¡Feliz cumple, mamita de mi corazón!!! Preciosa en todas las áreas, llena de dulzura, sabiduría, amor, ternura, paciencia... Te amo con todo mi corazón. Que Dios llene cada día de tu vida con alegría, colores, consejos, fortaleza y sabiduría. ¡¡Te amooooo!!». El amor es para ser expresado y, cuando lo hacemos, nos acerca más y nos recuerda cuánto nos apreciamos.

Lea lo que nos aconseja Filipenses 4:4-5: «Alégrense siempre en el Señor. Insisto: ¡Alégrense! Que su amabilidad sea evidente a todos (...)». El único requisito para expresar afecto es estar vivo y querer hacerlo.

No hay otro camino: nacimos para amar. ¿Por qué negarnos ese privilegio? ¿Por qué echar por tierra ese derecho?

> «Este mandamiento nuevo les doy: que se amen los unos a los otros. Así como yo los he amado, también ustedes deben amarse los unos a los otros».
>
> —JUAN 13:34

RESULTADOS DE MOSTRAR AFECTO

- Aceptación: el demostrar afecto nos permite comunicar que aceptamos a las personas por ser quienes son, les permitimos ser libres para expresarse y realizarse sin tener que fingir.

- Sentido de pertenencia: al expresar afecto adquirimos un sentimiento de pertenencia profundo y todos necesitamos intensamente pertenecer a una familia que se sabe unida. Uno de los dolores más difíciles de soportar es el provocado por el rechazo y la exclusión, rechazo que provocamos cuando negamos nuestro cariño. Por eso exprese su afecto siempre. Pamela le dijo a su madre: «No hay palabras lo suficientemente bellas para decirte cómo te amo. Eres mi fuerza y mi mayor debilidad a la vez. Mi amiga, mi compañera y eterna cómplice. Gracias por estar siempre disponible para mí», y de verdad que ella necesitaba escuchar eso.

▪ Seguridad y protección: las personas quieren sentirse a salvo y seguras en sus relaciones, llámese padres, hijos, hermanos, amigos o cónyuges. Este sentido de protección se refuerza en el abrazo que pueda dar a sus hijos cuando salen de casa rumbo a la escuela, en un beso espontáneo mientras su cónyuge y usted cocinan la cena, en el apretón de manos de dos hermanos que se admiran mutuamente. ¿Sabe qué le escribió Rita a su papá? «Papá, eres un ejemplo, qué dicha tenerte, siempre con una sonrisa, siempre con una actitud positiva, es hermoso compartir momentos contigo. Te amo, papá».

▪ Apoyo: hay momentos en los que una expresión de afecto hace la gran diferencia. Es de gran ayuda el saber que no está enfrentado el mundo solo, sino que puede tener el respaldo de otros en los momentos difíciles. Sara y Ana le pudieron decir a su madre: «Tu amor es magnífico, nos dio alas para volar, gracias por tus oraciones y tu entrega incondicional. Te amamos».

▪ Hace sentir especial a las personas: sus hijos y su cónyuge se sienten personas especiales y apreciadas cuando son correspondidas en su afecto. A sus 20 años, así escribió Melissa respecto a su mamá: «Mi mamá es mi alegría, la que me deleita con sus comidas. La que me aconseja. Mi compañera. Su fuerza me inspira a alcanzar mis metas. ¡¡¡Me encanta!!! La amo mucho».

Cuando expresamos amor, la inspiración viene. Por eso tenemos que intentarlo siempre.

Cuando les comunicamos a otros lo especiales que son para nosotros, hay muy poco que pueda bloquear el crecimiento de una relación positiva y de una buena amistad. Así lo vivió Pedro cuando negó a Jesús y sus miradas se cruzaron:

«¡Hombre, no sé de qué estás hablando! —replicó Pedro.

En el mismo momento en que dijo eso, cantó el gallo. El Señor

se volvió y miró directamente a Pedro. Entonces Pedro se acordó
de lo que el Señor le había dicho:

«"Hoy mismo, antes de que el gallo cante, me negarás tres
veces". Y saliendo de allí, lloró amargamente».

—LUCAS 22:60-62

¡Lloró por amor, traicionó a su Maestro! ¿Cómo era la mirada
de Jesús que su alma se quebró y vivió el dolor de la traición? Solo
se llora por amor en una situación como esta.

Cuando el amor es más fuerte que los intereses personales, se
vive la vida con una intensidad que no imaginamos que podía
existir. Se lo ilustro: Era una tarde hermosa, el sol brillaba. Era una
de las escenas de amor más puras que había visto. La mirada de
ella se cruzaba con la suya. Él reía suavemente y hablaba despacio.
Ella nos contó cómo inició este amor. Habían pasado los años, y
él envejeció. Nadie podía cuidarlo y por eso su nieta, Flor, decidió
mudarse con él. El abuelo tenía la enfermedad de Alzheimer y,
poco a poco, fue perdiendo la memoria. Él ya no reconocía a nadie,
pero en medio de su inocencia, de vez en cuando pronunciaba el
nombre de su amada y la llama «Flor», solo para añadir: «Muchas
gracias, Flor». Para después ella expresar: «Él hace brotar lo mejor
de nosotros, aunque haya perdido la memoria. Muchas veces, me
canso en extremo, y pido unos días para renovar las fuerzas. En
otras ocasiones, quisiera salir para despejarme, pero me pregunto
si alguien lo cuidará como yo. En ocasiones, se levanta de noche
para ir al baño, pero al no encontrarlo, hace sus necesidades en la
sala. Es ahí donde lo encuentro perdido, porque al querer regresar
a su habitación no la encuentra y se pierde. Nuestras manos se
cruzan y lo conduzco suavemente de regreso a la cama, y antes de
acostarlo, debo limpiarlo para que no se queme. Me preguntan si
deseo abandonarlo, y no me lo imagino haciendo eso; ¿quién ve-
laría por él? No me estorba, tampoco me incomoda, no podría dejarlo, es mi abuelo y lo amo. Ahora mi hija me ayuda a cuidarlo,
se nota la compasión que tiene; solo tiene 18 años, pero ya sabe
amarlo como yo lo hago. Nos sentamos en el corredor a conversar,
y las tardes pasan mientras hablamos de cualquier cosa y de nada.
Normalmente mi abuelo termina hablando de la bola... Bueno,

parece que ahora tiene 7 años. Pero no me importa, es mi abuelo, y lo amo como es».

No dejemos que nadie nos robe el privilegio de amar.

Cuándo expresar afecto...
aunque parezca que no...

Todo tiempo es válido para expresar afecto, incluso si no hay una excusa para hacerlo. Hay personas que se conforman a momentos claves o situaciones especiales en las que es apropiado y bueno dar un abrazo o un beso a los hijos, al cónyuge o a un buen amigo, como por ejemplo cuando salen de viaje, en la obtención de un premio, en una graduación o cuando aquella persona ha realizado algo de lo cual se siente orgullosa, o cuando está atravesando una situación difícil en la que necesita consuelo o se muestra arrepentida por algo. Es muy válido y es una medicina para el alma, tanto del que da como del que recibe, pero de verdad, no necesitamos ninguna excusa para hacerlo en tiempo y fuera de tiempo.

Sin embargo, en ocasiones, podemos demostrar afecto y comprensión precisamente sin hacerlo. ¿Cómo? Respetando la individualidad del otro, dando espacio y resolviendo situaciones pendientes. Veamos algunos ejemplos:

- Cuando la otra persona no lo quiere recibir, porque el afecto no se impone.
- Cuando la otra persona lo único que desea es estar sola.
- Cuando estamos enojados o resentidos.
- Cuando se está muy sensible o irritable.
- Cuando hay cosas sin resolver.
- En público, si la otra persona se siente mal.
- Cuando incomode a la otra persona, por ejemplo, no dé un beso a su hijo adolescente delante de los compañeros si él no lo quiere, o un beso apasionado a su esposa frente a otras personas.

Capítulo 7

SIETE HÁBITOS PARA DESARROLLAR EN FAMILIA

¡Cuán bueno y cuán agradable es que los
hermanos convivan en armonía!
—SALMOS 133:1

La CONVIVENCIA ES parte de una construcción continua de elementos fundamentales que nos permiten disfrutar el viaje de vivir en familia. Este viaje se emprende con éxito si va de la mano del amor, manifestado en aceptación, respeto y admiración mutua. No obstante, para alcanzar esto es necesario desarrollar hábitos. No se puede construir o emprender nada si no estamos dispuestos a poner por obra de manera sistematizada aquello que deseamos alcanzar. La razón es que no existe una inclinación natural a hacer lo correcto, por eso deben definirse los hábitos que queremos que rijan nuestra vida y nuestra familia. Estos hábitos se dan a través del diálogo, el aprendizaje, el ejemplo y la toma de decisiones. Se afianzan poco a poco en un proceso que requiere esfuerzo.

Pero ¿qué es un hábito? Según se desprende de cómo lo define el *Diccionario de la Real Academia Española*, el hábito es una costumbre o práctica adquirida por frecuencia de repetición de un acto y la destreza que se adquiere por el ejercicio repetido.

Para dejar la idea más clara, veamos algunos de los sinónimos de la palabra hábito: costumbre, rutina, práctica, habilidad, experiencia, pericia.

En resumen, un hábito es cualquier comportamiento realizado regularmente que requiere muy poco o ningún raciocinio (que sí hubo en sus inicios), que ha sido aprendido e interiorizado por medio de la repetición. Cuando un hábito se ha interiorizado, se hace parte de nosotros y es difícil de arrancarlo.

¿CÓMO REAFIRMAMOS UN HÁBITO?

Un hábito se forma con la repetición continua de la misma acción, por lo que para adquirir nuevos hábitos o abandonar otros se necesita esfuerzo y determinación; requiere toda la decisión y el coraje posibles.

Cuando se inicia la implementación de un hábito, es importante que no se permita ninguna excepción para lograr arraigarlo plenamente como una acción cotidiana. Es bueno buscar todos los aliados posibles, tanto para romper viejos comportamientos como para adquirir unos mejores. La automotivación, la familia, los amigos, cualquier herramienta es valiosa.

En la familia, los hábitos tienen que enseñarse con el ejemplo, con instrucción y perseverancia. De ahí que primero deben estar en los adultos para transmitirlos a los más pequeños.

No se debe olvidar que los hábitos son un estilo de vida; no son un discurso, no son comportamientos impuestos; son una forma de ser, que es parte de nuestra forma de vivir.

Se deben elegir los hábitos que se quieren desarrollar en familia, pero aquí yo le menciono siete que son fundamentales para una convivencia sana y exitosa.

SIETE HÁBITOS PARA UNA CONVIVENCIA SANA Y EXITOSA

1. Código ético y moral

Es preciso que cada familia tenga su propio código ético y moral. Es bueno recordar que nuestra sociedad está fundamentada en valores y principios cristianos universales y que esos principios son bien válidos a la hora de establecer los nuestros.

Cuando se toma un fundamento claro de hacia dónde ir, se puede construir más claramente. Uno de los fundamentos más importantes para cimentarse es el código ético basado en los principios cristianos. Y es que desde la familia se enseña una forma de proceder en la vida. Sea con valores como el respeto, la honestidad, la solidaridad y la compasión, o con acciones y actitudes negativas como lo son los gritos, las malas palabras, el irrespeto, así como el consumo de sustancias, la pornografía o las apuestas. Es triste que hoy sea usual escuchar en los noticieros sobre las «narcofamilias».

El código es una guía que nos ayuda a tomar decisiones en la vida personal y familiar. Nos brinda la oportunidad de establecer reglas claras como: «No vamos a gritar ni agredir a nadie, aunque estemos enfadados».

Se debe conversar y definir. Las buenas conductas se motivan. ¿Cuáles serán las reglas centrales del código de comportamiento familiar? Veamos un ejemplo:

- Relacionarnos con respeto y consideración.

- Respetar la integridad de los demás, así como los límites y la propiedad privada.

- Respetar la autoridad.

- No agredirnos física ni emocionalmente (ni de ninguna otra manera).

- Hablar siempre con la verdad.

- Comunicarnos de una manera sana.

Es fundamental que usted tenga este código ético como un estilo de vida: no se puede enseñar a no gritar si uno grita, o a no mentir si uno miente. Aprendamos de las experiencias.

Todavía me acuerdo de cuando mi papá nos contó que intentaron sobornarlo en el trabajo. Él nos contó que rechazó un ofrecimiento de dinero porque ese dinero robaba la paz, la libertad, y que no había nada más hermoso que ganar el salario honestamente. No olvido ese ejemplo. Yo tenía alrededor de 14 años y aún lo recuerdo: fue una vivencia que me marcó. Él compartió con nosotros esa decisión y era la expresión de un código ético y moral que guiaba a la familia. Por eso es necesario definir este código familiar: Somos conocidos porque cumplimos la palabra, porque nos respetamos, porque cumplimos las leyes del país, porque no levantamos la voz, por hacer lo correcto, etc.

El código ético es la carretera sobre la que caminamos para

recorrer el camino de la vida. Por eso es importante instruir a los hijos y que nos vean como modelo para que lo lleguen a vivir como algo natural. No significa que seamos perfectos, significa que hemos elegido cómo vivir, y vivir bien.

Dios nos enseñó a tener un código ético claro, lo reveló a Moisés, lo escribió en tablas, mandó a que fuera transmitido a hijos e hijas y que se convirtiera en la norma de conducta. ¿Cuál es? ¡Claro! Los Diez Mandamientos. Veamos:

«Dios habló, y dio a conocer todos estos mandamientos: "Yo soy el Señor tu Dios. Yo te saqué de Egipto, del país donde eras esclavo. No tengas otros dioses además de mí. No te hagas ningún ídolo, ni nada que guarde semejanza con lo que hay arriba en el cielo, ni con lo que hay abajo en la tierra, ni con lo que hay en las aguas debajo de la tierra. No te inclines delante de ellos ni los adores. Yo, el Señor tu Dios, soy un Dios celoso. Cuando los padres son malvados y me odian, yo castigo a sus hijos hasta la tercera y cuarta generación. Por el contrario, cuando me aman y cumplen mis mandamientos, les muestro mi amor por mil generaciones.

No pronuncies el nombre del Señor tu Dios a la ligera. Yo, el Señor, no tendré por inocente a quien se atreva a pronunciar mi nombre a la ligera.

Acuérdate del sábado, para consagrarlo. Trabaja seis días, y haz en ellos todo lo que tengas que hacer, pero el día séptimo será un día de reposo para honrar al Señor tu Dios. No hagas en ese día ningún trabajo, ni tampoco tu hijo, ni tu hija, ni tu esclavo, ni tu esclava, ni tus animales, ni tampoco los extranjeros que vivan en tus ciudades.

Acuérdate de que en seis días hizo el Señor los cielos y la tierra, el mar y todo lo que hay en ellos, y que descansó el séptimo día. Por eso el Señor bendijo y consagró el día de reposo.

Honra a tu padre y a tu madre, para que disfrutes de una larga vida en la tierra que te da el Señor tu Dios.

No mates.

No cometas adulterio.

No robes.

No des falso testimonio en contra de tu prójimo.

No codicies la casa de tu prójimo: No codicies su esposa, ni su esclavo, ni su esclava, ni su buey, ni su burro, ni nada que le pertenezca"» (Éxodo 20:1-17).

2. Decisiones propias

Tomar decisiones tiene una implicación directa con el respeto a la individualidad y la capacidad de recordar que cada persona tiene el derecho, el privilegio y el deber de tomar sus propias decisiones y asumir la responsabilidad por ellas.

Debemos enseñar a tomar decisiones desde que los hijos son pequeños, iniciando con responsabilidades no trascendentales como vestirse o peinarse, e ir aumentando el grado de relevancia de la responsabilidad conforme van creciendo.

Para que tomen buenas decisiones, debemos enseñarles a tener un criterio propio y a tener una gran valoración de lo que son.

Cuando me valoro y me siento apreciado y amado, es más fácil decidir por mí mismo, porque soy una persona que tiene una buena autoestima. Si el niño no tiene un ambiente familiar en el que se le fortalezca internamente, podría ser un niño inseguro; podría sentirse feo, poco inteligente; podría buscar amor en lugares fuera del hogar o podría tender a verse en relaciones de codependencia, buscando el favor de los demás.

Uno de los elementos más dignificantes en todo ser humano es sentir la libertad de expresar lo que piensa, siente y sueña. Cuando soy capaz de expresar lo que pienso con respeto, reflejo que he sido respetado, admirado y amado.

Permita pensar por sí mismos a sus hijos. Educar es formar en ellos un espíritu libre, capaz de juzgar la vida por sí mismo, y ayudarlos a tomar sus propias decisiones.

Educar es instruir para la vida. Los niños deben sentirse cómodos al ir creciendo y transitando el camino de la dependencia a la independencia. Se debe ir trasladando la responsabilidad de manejar sus vidas. Esto es importante porque al entrar a la escuela elegirán amigos, les ofrecerán drogas; porque al ser adolescentes se desarrollarán físicamente y decidirán sobre el inicio de su vida sexual, porque a los 17 años elegirán su carrera profesional. Crecer implica una toma de decisiones constante, y nuestros hijos tienen que aprender a formar su propio criterio y a defenderlo.

Generemos espacio, incluso para el error y para experimentar sus consecuencias. Lo que sí no se les debe permitir es tomar decisiones propias en áreas en las que no tienen la madurez ni la edad para hacerlo. Esas decisiones tienen que tomarlas los padres. La mejor defensiva es una buena ofensiva. Es decir, lo ideal es que antes de que las situaciones difíciles vengan, ya ellos hayan aprendido a tomar decisiones. Por eso es importante que las tomen en casa.

¿Cómo enseñarles a tomar buenas decisiones?

- Aceptándolos, amándolos y respetándolos.

- Permitiéndoles expresar su criterio. Permitiéndoles decir «no». No es malo que ellos expresen su desacuerdo con el debido respeto.

- Preguntando antes de decir un «no» o imponer reglas. Al dialogar con ellos les permitimos crecer, aprenden a negociar y a valorar lo que nosotros razonamos.

- Permitiéndoles razonar, contestando los «porqués». No seamos simplistas en decir: «No, porque yo soy el papá y yo decido». Nuestros hijos necesitan entender las decisiones que nosotros tomamos para tenerlas como ejemplo y aprender de ellas.

- Acordando qué decisiones les vamos a delegar y a qué edad lo van a hacer, para que el caminar de los hijos por la vida no nos tome por sorpresa.

3. Responsabilidad

Las responsabilidades vienen cuando comprendemos qué nos corresponde hacer, en qué tiempo y cómo debemos de hacerlo. No es solo decir: «Arregla la cama», es enseñarles a tender la cama y ayudarles a tender la cama hasta que aprendan a hacerlo por ellos mismos. No la van a dejar igual que papá o mamá, pero tienen que aprender.

Ahora bien, como mencionamos en las decisiones propias, esto va de acuerdo a la edad. Se les debe mostrar cómo asumirlas y deben ser definidas, claras, supervisadas, recompensadas al cumplirse y deben tener consecuencias al no ejecutarse.

Es importante que siempre esté alguien acompañando y supervisando, ya que si no hay nadie con él, el hábito no se desarrolla. Siempre hay que permitirles apreciar el beneficio de tener el hábito de ser responsables. Una persona responsable genera credibilidad, buen nombre; los demás quieren trabajar con ella, no se expone a mentir para excusarse, es segura, es promovida a nuevos cargos; es alguien que crece, que inspira confianza, lo que permite que los demás estén tranquilos porque saben que responderá por lo que corresponde. Una persona responsable lidera, y lo hace primero con el ejemplo.

Nuestros hijos van camino a la independencia, por eso es vital desarrollar en ellos el sentido de responsabilidad. Algunas ideas pueden ser:

- Invierta el tiempo necesario para transmitir el hábito.
- Aconseje y retroalimente a su hijo; se puede sorprender.
- Felicite y afirme.
- Celebre los pequeños éxitos.

4. Excelencia

Es ir más allá de la responsabilidad de lo que se tiene que hacer, es buscar la mejor forma de hacer lo que nos corresponde. Permite a la persona tener espíritu creativo, romper la rutina, porque no se conforma con el estado de las cosas y provoca en ella el deseo de tener un aprendizaje continuo para mejorar.

La excelencia nos lleva a la realización progresiva de los sueños y proyectos, paso a paso, hasta alcanzarlos, y es un estilo de vida. Aristóteles señaló: «Somos lo que hacemos día con día, de modo que la excelencia no es un acto, sino un hábito».

Sin embargo, para la excelencia se requiere concentrarse en las fortalezas y aceptar las debilidades, organizar bien el tiempo y trabajar en equipo.

No en vano Abraham Lincoln expresó: «En todos nosotros está presente el sentido de obligación para continuar. El deber de luchar es deber de todos nosotros; yo sentí un llamado a ese deber».

Otro aspecto importante de la excelencia es la actitud. Cada día debemos escoger cuál será la actitud que tomaremos ante la vida. La mejor actitud es tener un espíritu de excelencia, es hacer las cosas hoy mejor que ayer. Una buena o una mala actitud construirá o destruirá un hogar o una compañía.

Charles Swindoll dijo: «Mientras más vivo, mejor entiendo el impacto de la actitud en la vida. Para mí la actitud es más importante que los hechos, es más importante que el pasado, la educación, el dinero, las circunstancias, los fracasos, los éxitos; lo que piensan, dicen o hacen los demás; es más importante que la apariencia, las habilidades o los recursos».

Crear el hábito de la excelencia es un buen legado a las nuevas generaciones. Nos ayuda a formar personas más responsables y nos damos la oportunidad de tener una convivencia más agradable. Por eso tenemos que aprender a romper las marcas que nuestros padres tuvieron, no porque haya que pasarlos a ellos como si la vida fuera una competencia, sino para llevar a un mejor puerto el legado que nos dejaron.

5. Orden

La Escritura nos aconseja en 1 Corintios 14:40:

> «Pero todo debe hacerse de una manera apropiada y con orden».

No hay nada más hermoso que vivir en un lugar donde las cosas están en su sitio. El orden lleva implícito la limpieza, la armonía, un ambiente de paz; porque lo opuesto al orden es el caos.

En el caos hay enojo, frustración, porque el lugar se vuelve lúgubre. Pero el orden trae luz y expresa responsabilidad.

Cada uno debe ordenar su espacio, su habitación, su clóset.

Si quiere ser atrayente, sea ordenado. Si queremos que nuestros hijos tengan una chispa especial, enseñémosles a ser ordenados.

6. Gratitud

Bien dice Filipenses 4:6-7:

> «No se inquieten por nada; más bien, en toda ocasión, con oración y ruego, presenten sus peticiones a Dios y denle gracias. Y la paz de Dios, que sobrepasa todo entendimiento, cuidará sus corazones y sus pensamientos en Cristo Jesús».

Gratitud es siempre expresar gracias por lo que Dios y los demás hacen por nosotros. Tiene un poder mágico en el corazón de las personas expresar gratitud. Y nos ayuda a:

- Expresar respeto a los demás.
- Apreciar más a quienes nos rodean, las cosas, los acontecimientos.
- Vivir con más intensidad cada experiencia.
- Proveer alegría y contentamiento.
- Propiciar un ambiente familiar más feliz, más distendido, más agradable.

Es fundamental que seamos siempre agradecidos, que demos gracias por todo y a todos, porque da valor a la vida y sentido a lo que hacemos y tenemos.

La gratitud es un hábito que debe estar siempre presente en medio de la familia, porque un corazón agradecido valora como incalculable aquello que se tiene.

Un hogar sin el hábito de la gratitud es aquel en el que se ordena, no se solicita la colaboración de los miembros de la familia de una forma cortés, sino más bien impositiva, como obligación.

Lo opuesto a agradecer es reclamar, ordenar, mandar, imponer, exigir, es la falta de aprecio por aquello que se tiene e incluso por quienes están cerca de nosotros. De esta manera, la vida se vuelve insípida, sin sentido, nada está bien, nada es agradable, nada gusta.

Por eso el Señor nos invita a venir a Él con alabanzas y gratitud:

«Aclamen alegres al Señor, habitantes de toda la tierra; adoren al Señor con regocijo. Preséntense ante él con cánticos de júbilo. Reconozcan que el Señor es Dios; él nos hizo, y somos suyos. Somos su pueblo, ovejas de su prado. Entren por sus puertas con acción de gracias; vengan a sus atrios con himnos de alabanza; denle gracias, alaben su nombre. Porque el Señor es bueno y su gran amor es eterno; su fidelidad permanece para siempre».

—Salmo 100

7. Tiempo en familia

Es curioso cómo esta vida tan agitada nos lleva a un ritmo que nos quiere arrancar la capacidad de disfrutar con nuestras familias. Hace tiempo, cuando se viajaba a caballo o en tren, no teníamos tanta prisa; sencillamente se disfrutaba el viaje, el paisaje, el tiempo juntos. Hoy en día, todo nos impacienta, todo es ya.

Toma tiempo introducir a los niños en la buena lectura y los juegos en familia, como también escucharlos una vez más relatar cómo lograron hacer un gol en el partido de fútbol o acerca del ave que se rompió el ala. Estos detalles solo surgen cuando tomamos tiempo para escucharnos en casa.

El tiempo en familia debería ser tiempo para hablar, reír, divertirse, aconsejar, escuchar y expresar afecto.

Hay investigaciones que sostienen que las familias más fuertes son aquellas que comparten, por lo menos, una de las comidas diarias, estableciendo un espacio que les permita el diálogo. De hecho, las comidas familiares favorecen el desarrollo del lenguaje y las habilidades de comunicación e inducen a un descenso de las conductas de riesgo en los adolescentes. Además, existen numerosos estudios que se han dedicado a analizar la incidencia que tiene el contexto familiar en el rendimiento académico de los menores de edad: a mayor estabilidad familiar, mejor rendimiento académico. En consecuencia, la familia debería aprender a tener tiempo diario, semanal y de vacaciones.

Procuremos tomar vacaciones, que sea un tiempo para nosotros. No obstante, durante ellas, tenga cuidado de que no le dé «el síndrome del tigre enjaulado». Este ocurre cuando papá o mamá toma vacaciones, se queda en casa sin ningún plan y no sabe qué hacer o se enreda en quehaceres domésticos. En ese momento el ambiente se pone tenso, y la casa se transforma en un campo de batalla. No deje que el aburrimiento o las actividades rutinarias le hagan perder el privilegio de pasar un placentero tiempo en familia. Pero tampoco cometa el error de irse de vacaciones y que cada uno «agarre» por su lado: la idea es pasar juntos, compartir. Claro que tiempos a solas van a ser importantes, pero que no sea la constante.

También reserve un rato para salir y pasarla bien. Un niño se conforma con algo sencillo, no necesita invertir grandes cantidades de dinero. Un niño no recordará el costo económico de lo que usted invierta: para él eso no es importante, sino el tiempo pasado en familia. Él recordará el beso, la expresión de aceptación que usted tuvo, el gesto amable, la palabra gentil y las ocasiones en que sus miradas se cruzaron y se expresaron un «te amo». Para disfrutar no se necesitan muchas cosas, solo requerimos una gran dosis de amor.

El tiempo compartido es lo que genera recuerdos; si no hay tiempo compartido, no hay recuerdos; sin recuerdos, no hay vínculos.

Es probable que todos hayamos escuchado expresiones como: «A mí me gustaba ir con papá a...», «A mí me gustó ir con mamá a...», «A mí me encantaba ir con mis papás a...», «Recuerdo la costumbre de ir a...». Esos momentos son valiosos, marcan vivencias de la familia.

Y claro está que el tiempo en familia es una ocasión para enseñar gratitud, enseñar el código ético, fortalecer el amor propio y afirmar la personalidad.

Es necesario definir desde el inicio del matrimonio que los tiempos en familia son y serán siempre de suma importancia.

Tenga presente algunas recomendaciones importantes:

- Dispóngase a disfrutar el tiempo en familia con juegos de mesa, actividades al aire libre, leyendo un buen cuento o una interesante historia. No sea tan rígido con el horario para dormir y para levantarse. Busquen formas prácticas y estratégicas de hacer las labores domésticas entre todos, de tal forma que no se recarguen sobre una única persona y sean más amenas.

- Antes de las vacaciones o de un paseo, converse con los miembros de su familia acerca de las actividades que desean realizar. De esta manera se puede anticipar lo necesario para que, llegado el momento, estén preparados.

- Defina claramente las reglas y los límites antes de salir, dígales exactamente lo que van a hacer y cómo lo van a realizar y aclare lo que espera de ellos. Haga que se cumplan y no utilice amenazas cuando los niños gritan en el auto.

- Enseñe a sus hijos a jugar algún juego que de niño usted jugaba. Lo importante es reír y divertirse.
- Tenga una dosis extra de tolerancia. Evite los pleitos y si se dan diferencias, resuélvalas rápidamente. Decidan que no se gritarán ni se faltarán el respeto mientras se divierten, porque el tiempo en familia es para disfrutar y no para lastimar.
- Por favor, cumpla lo que les prometió a sus hijos, para ellos es muy importante.
- Tome tiempo para usted y su pareja, para realizar actividades propias de adultos, tales como ir al cine, cenar, visitar amigos o familiares.

Capítulo 8

LA PODEROSA INFLUENCIA
DE LOS PADRES

*Hay muchas cosas que el dinero no puede pagar: la crianza de
los hijos es una superprioridad, apoyarlos para que crezcan
saludables, con el amor y los valores que solo sus padres
les pueden inculcar; enseñarles tú misma, estimularlos, ser
sujetos activos y positivos en su enseñanza. Definitivamente
a la hora de establecer prioridades, ellos son número uno.*
—IRENE

SOMOS EL RESULTADO de la influencia que tuvieron en nuestras vidas las personas más importantes para nosotros y, en la vida de los niños, nadie tiene más influencia que los padres y las madres.

Nuestros hijos, al convivir con nosotros, se ven permeados por nuestra forma de ser. Queramos o no, en gran medida y de muchas maneras los progenitores determinamos el destino de nuestros hijos porque ellos van a reflejar los valores con los que fueron criados, las costumbres que aprendieron, y vivirán con el sentido de seguridad que recibieron, sea o no el que idealmente todo niño necesita. Ello implica que la influencia de los padres se manifestará en la forma en que van a asumir responsabilidades, a socializar y a establecer relaciones interpersonales y amorosas.

La influencia puede ser positiva o negativa, según la relación que los progenitores construyan con su descendencia.

Una influencia positiva se basa en inspirar seguridad, confianza, sentido de pertenencia, definición de identidad y transmisión de una historia. Esta influencia alcanza el nivel más alto en tanto desarrollamos relaciones fuertes con los hijos, dejando marcas positivas imborrables que no olvidarán. De hecho, uno de los tesoros más valiosos que construye una familia son los recuerdos positivos que se acumulan mientras los hijos crecen. Como lo expresó Sydney Harris: «El mejor regalo que puede dar a sus hijos después de los buenos hábitos son los buenos recuerdos». Al crecer, ellos llevan los recuerdos como la principal fuente de energía y constituyen el legado más importante para sus vidas.

En cambio, la influencia negativa se fundamenta en otros factores, como una figura paterna o materna distante, ausente, agresiva o que asume una simple posición de autoridad en la que no se invierte en los hijos, predominando el menosprecio, las comparaciones, el abandono, los gritos. Como lo expresó Jimena: «Mi papá es alcohólico. Lamentablemente, además de estar ausente, cuando estaba en casa era para herirme emocionalmente. Aun llegó a decirme que era una "prostituta". Esto me ha llevado a buscar el amor en las personas equivocadas. He sufrido mucho por eso».

Todos los padres debemos evitar las consecuencias negativas en la vida de los hijos. Le pongo algunos ejemplos:

Cuando Silvio tenía problemas matrimoniales, solía resolverlos a gritos, frente a los hijos; hasta que un día, su pequeña de 5 años le dijo: «Papá, cada vez que gritas tengo ganas de salir corriendo y no sé dónde esconderme». Él y su esposa resolvieron sus diferencias; pero además, cada vez que hay un tema serio que tratar como pareja, Silvio y Glenda lo hacen en su habitación.

Sergio tuvo que aprender a pedir perdón a sus hijos cuando les fallaba, cuando su hijo adolescente de 16 lo confrontó: «¿Cómo quieres que te pida perdón por faltarte el respeto si tú se lo faltas a mamá?».

Pedir perdón a los hijos es de valientes, pero lo es más preguntarles si sienten que hay algo que haya que restaurar o cambiar, ya que lo cierto es que todos tenemos áreas para mejorar.

Puede parecer que la influencia paterna y materna no alcanza grandes audiencias y que solo impacta y determina el destino de los hijos, pero lo cierto es que la influencia de los padres puede impactar y determinar generaciones posteriores como un juego de dominó.

LO PRIMERO QUE DEBEMOS ENSEÑAR

La influencia de los padres es determinante, porque es su legado a la humanidad, y seguirá impactando generación tras generación. Tenemos dieciocho años para formarlos, ya que después de esa edad es cuando empiezan a encaminar su propio proyecto de vida, eligen carrera, saliendo incluso de casa para estudiar lejos, e inician la aventura de aprender a administrar su libertad, su tiempo y su espacio. Por ello es importante enseñarles previamente:

- Valores y principios.
- Costumbres saludables.
- Responsabilidad.
- El desarrollado de sus inteligencias y habilidades.
- Manejo de emociones sanas.
- Socialización.
- Manejo de relaciones interpersonales.
- Manejo de la presión de grupo.
- Lo que es el amor, para que les ayude a diferenciar entre amor, capricho y enamoramiento.
- La definición de un proyecto de vida.
- Un concepto de familia que les inspire.
- La alegría de vivir.
- Manejo del dinero.

LO QUE DEBEMOS HACER PARA LOGRARLO

Todos los padres ejercen una influencia tal que determinan la conducta de sus hijos al crecer, por eso:

- Exprese amor y aprecio: jamás suponga que sus hijos lo saben, hágalo todos días. El afecto afirma a nuestros hijos. Demuestre aprecio por la familia.
- Provea un sentido de dignidad y seguridad: aumente el amor propio de sus hijos; lo logramos cuando los tratamos con dignidad y proveemos seguridad en la

relación: no podemos influir en los hijos de manera positiva e impactar sus vidas hasta que puedan confiar en nosotros por completo. Además, la seguridad les permite superar sus inseguridades y las limitaciones autoimpuestas. Es esta seguridad la que les permite tener relaciones más saludables y los impulsa a alcanzar las metas propuestas.

- Brinde un sentido de pertenencia: esta es una de las necesidades humanas básicas, pues las personas sufren cuando se sienten aisladas y excluidas.
- Brinde ánimo y reconocimiento: con ello pueden enfrentar lo imposible y sobreponerse a una adversidad con valentía.
- Respete y expréseles que sus sentimientos son importantes y que sus opiniones son valiosas. Ellos harán casi cualquier cosa si los tratamos con respeto.
- Comuníquese con sinceridad y escuche, ello ayuda a construir relaciones, inspira lealtad y genera ideas y creatividad.
- Invierta tiempo: propicie tiempo de calidad, atienda personal e individualmente a cada uno de sus hijos, tome vacaciones y días de descanso en familia, establezca tradiciones familiares que generen gratos recuerdos.
- Defienda los valores en los que se fundamenta su familia y practíquelos.
- Sea un modelo de integridad.
- Tenga un carácter fundamentado en la verdad.
- Cumpla las promesas.
- Sirva a los demás.

NIVELES DE INFLUENCIA DE LOS PADRES

1. Modelo a seguir

Nuestra vida cotidiana tiene una influencia poderosa en la de nuestros hijos porque aprenden de forma natural lo que viven.

Es por medio del ejemplo que nuestros hijos asimilan hábitos, captan costumbres, aprenden el sentido de responsabilidad y asimilan la interacción con los demás. Si observan que nosotros gritamos, aprenderán a hacerlo también, pero si ven que nos tratamos con respeto, estarán inclinados a hacer lo mismo. Si nuestras acciones son positivas, aumentará nuestra credibilidad y se potenciará una influencia constructiva. Pero si nuestras acciones son negativas, nuestro nivel de influencia positiva disminuirá, porque perderemos credibilidad, a la vez que los impulsaremos hacia conductas inapropiadas.

2. Motivador

Los progenitores no solo tienen la autoridad, sino que también gozan de una confianza absoluta de parte de su descendencia. Esta confianza los coloca en la principal fuente de motivación para sus hijos. Por esta razón, los padres deben convertirse en los motivadores más apasionados en las vidas de ellos. Motivamos con afecto, con palabras, acompañándolos en los momentos más importantes, participando en sus actividades deportivas y artísticas, etc.

La sola presencia de los padres en la vida de los niños se convierte en una poderosa fuente de motivación. Si el padre y la madre comprenden la importancia que tienen en la vida de sus hijos, intencionalmente procurarán ser sus fanáticos número uno. Los motivadores naturales en la vida de los hijos son los padres y las madres.

Cada uno de nosotros puede convertirse en un motivador influyente cuando logramos animar a nuestros hijos a crecer y nos comunicamos con ellos a un nivel emocional. Este proceso crea vínculos significativos en la familia y propicia recuerdos que se guardan para siempre.

Cuando motivamos a nuestros hijos, desarrollamos confianza y sentido de dignidad, y ellos se sienten a gusto con nosotros durante los momentos en que estamos juntos. Esto hace que nuestro nivel de influencia positiva aumente de modo significativo.

3. Mentor

Para aumentar nuestra influencia positiva en la vida de nuestros hijos, debemos acompañarlos mientras crecen. Así lo hizo

Jesús con sus discípulos, los invitó a caminar con él y fue mientras caminaron juntos que les enseñó con su ejemplo, con parábolas y con un amor profundo, hasta convertirlos en sus amigos.

«Ustedes son mis amigos si hacen lo que yo les mando. Ya no los llamo siervos, porque el siervo no está al tanto de lo que hace su amo; los he llamado amigos, porque todo lo que a mi Padre le oí decir se lo he dado a conocer a ustedes».

—Juan 15:14-15

El mentor se asemeja al ejemplo que nos brinda Jesús en la relación que tenía con sus discípulos, con quienes compartía su vida y su experiencia. Más allá de un consejo o unas palabras de aliento, ser mentores implica ser generosos con nuestro tiempo, tener conversaciones intensas, respetar la diferencia de criterio, inspirar y estar dispuestos a dar de nosotros mismos lo mejor.

Los padres se convierten en mentores de sus hijos cuando estos les dan su confianza y se sienten cómodos caminando juntos. Esto les ayuda a reconocer que pueden ser mejores: los anima a enfrentar las crisis, los fortalece en medio de los desafíos, los mueve a la excelencia y les permite contar con los elementos necesarios para orientarlos a la superación personal, al desarrollo de sus potencialidades y al fortalecimiento de sus propios proyectos de vida.

Nuestra experiencia personal enriquece la vida de los más pequeños para que alcancen su máximo potencial con un panorama más amplio, mejorado por nuestro propio aprendizaje.

Contar con un mentor nos ayuda a experimentar la vida de forma diferente. La relación que Jesús tenía con sus discípulos fue tan intensa que Juan se hizo llamar el discípulo al que Jesús amaba.

«"¡Es el Señor!", dijo a Pedro el discípulo a quien Jesús amaba».

—Juan 21:7

«Uno de ellos, el discípulo a quien Jesús amaba, estaba a su lado».

—Juan 13:23

Esta es la expresión que deben tener nuestros hijos de nosotros. Deben llamarse a sí mismos «la hija amada de su padre», «el hijo al que él amaba». Ese será nuestro legado en sus vidas.

Podemos ser mentores para muchas personas, pero en ninguna otra vida ejerceremos más influencia que en la de nuestros hijos. Si queremos ser oportunos en los momentos cruciales de sus vidas, debemos asumir ser mentores como una convicción personal. También nosotros somos favorecidos al ser mentores de nuestros hijos, ya que en la medida que los acompañamos, vamos encontrando significado para nuestra propia historia de vida.

4. Multiplicador

Nuestra misión como padres es presentar al mundo a nuestros hijos como personas de bien. Es nuestro principal aporte a la humanidad. Por eso, cuando estamos acompañando a nuestros hijos en su crecimiento, debemos tener presente que, al crecer, multiplicarán lo que han aprendido en el hogar, y esta contribución se multiplicará al influenciar ellos la vida de otros.

Educamos a nuestros hijos con la meta de que un día puedan amar a otras personas como ellos han sido amados en casa, con el sueño de que puedan edificar una familia libre y saludable en la que prevalezcan los valores de la honestidad, la fidelidad, la solidaridad, el respeto y el trabajo.

Construimos un legado que se extenderá de generación en generación. No es extraño escuchar: «Como decía el abuelo...», «Como aprendimos de la abuela...», «Tal y como nos enseñó nuestra madre...», «Papá siempre lo hizo de esta forma...».

Eso sí, no podemos educar a nuestros hijos con la meta de que dependan siempre de nosotros; los educamos para que un día alcancen su independencia a partir de que se sientan seguros de sí mismos y confiados en que lo lograrán.

Nuestros hijos recorren el camino de la dependencia absoluta a la independencia total. Por lo tanto, es un proceso donde los acompañamos para darles poder, afirmarlos y equiparlos para que estén enteramente preparados para vivir con sentido de realización.

Influenciar positivamente a nuestros hijos requiere abnegación, paciencia y generosidad y nos fuerza a desarrollar visión de futuro, confianza y esperanza.

INTEGRIDAD, CARÁCTER Y BUEN NOMBRE

Mientras caminamos con nuestros hijos, estamos ejerciendo influencia a través de nuestra integridad, nuestro carácter y el buen nombre que construimos con el paso del tiempo. La integridad es el atributo de ser coherentes en nuestra forma de pensar, de expresarnos y de comportarnos. La integridad es un estilo de vida que se fortalece en el interior de nuestro ser y que se manifiesta en todos los momentos de la vida: no es negociable. Una persona íntegra tiene una escala de valores clara y bien definida, coherencia y estabilidad, humildad, comunicación asertiva que busca el equilibrio entre el respeto y la franqueza, y motivación para el crecimiento personal de los demás.

El *Diccionario de la Real Academia Española* define carácter como 'fuerza y elevación de ánimo natural de alguien, firmeza, energía'. En otras palabras, es la esencia que define quiénes somos. El carácter se desarrolla a partir del manejo apropiado de las responsabilidades.

Asimismo, la imagen pública es importante, pero transitoria: depende de las circunstancias. El buen nombre, por el contrario, es estable y genera respeto en las personas más cercanas y que nos conocen más profundamente, es decir, nuestra familia. Pero además, el buen nombre nos precede y nos abre cualquier puerta.

Nuestra integridad, carácter y buen nombre constituyen el fundamento para construir el éxito personal y facilitan el camino para que nuestros hijos lo alcancen también.

Si perdemos alguno de estos tres elementos, perderemos influencia positiva en la vida de nuestros hijos. La relación se tornaría superficial y carente de una genuina empatía y conciencia del valor que tiene la familia.

LAS CARTAS

Mi hijo Daniel y yo estábamos preparando una conferencia sobre la influencia que tienen los padres en la vida de sus hijos. A los organizadores les interesaba escuchar el tema desde la perspectiva de los hijos. En ese momento, Daniel tenía 23 años y decidió realizar una encuesta entre niños para conocer lo que ellos pensaban sobre el tema, por lo que les formuló la siguiente pregunta: «¿Qué es importante recibir de un padre?».

A partir de estas respuestas, Daniel escribió *La carta a papá* con las cinco características mencionadas con mayor frecuencia por los encuestados. En total, respondieron setenta jóvenes. Lea lo revelador de sus inquietudes:

1. Disciplina

«Papá, para mí es importante recibir de ti cinco cosas, la primera es disciplina. Papá, yo necesito que tú seas mi guía. Que me marques el camino para saber por dónde debo caminar. Que me enseñes en qué consiste esta vida y cómo vivirla. Para mí es importante que la persona que me instruya seas tú, no mis profesores, no mis amigos, no la televisión, no la persona que nos ayuda en la casa, sino tú. Que cuando me equivoque, espero que estés ahí para decirme cómo hacerlo bien la próxima vez. Que me digas cuál es la decisión correcta. Que cuando me disciplines, no lo hagas con enojo, sino por el deseo de que yo sea mejor y aprenda de esta experiencia. Papá, para mí es importante tu disciplina.

2. Tiempo

»Papá, gracias porque te has esforzado todos estos años para darnos a mi mamá y hermanos un lugar donde vivir. Gracias porque siempre he tenido alimento para comer y nunca he tenido que pasar hambre. Gracias porque cuando llueve no se me mojan los pies, porque tengo unos zapatos que me cubren. Gracias por las vacaciones tan bonitas que hemos tenido, porque he conocido playas y montañas y he jugado con la arena y el mar. Papá, gracias porque sé que cuando llegas cansado de trabajar, lo haces por nosotros, para que tengamos lo que necesitamos. Pero papá, me haces falta. Me hace falta que salgamos a hablar. Vieras que siempre tengo muchas cosas que quiero contarte. Me hace falta que juguemos. Que nos divirtamos un rato. Vieras que yo cambiaría mis juguetes, todos mis juguetes, por pasar un ratito más contigo. A mí me encanta ir a pasear, pero prefiero jugar fútbol contigo. No te estoy pidiendo que estés muchas horas en la casa, porque sé que tienes que ir a trabajar, solo te estoy pidiendo que si estás cinco minutos en la casa, podamos compartir y aprovechar esos cinco minutos. Yo sé que esos cinco minutos van a ser suficientes y me van a alcanzar hasta que llegues de nuevo a casa mañana. Papá, para mí es importante pasar tiempo contigo.

3. Apoyo

»Es importante que estés ahí para apoyarme. Cuando voy a tomar una decisión, quiero escuchar tu opinión. Quiero saber que tengo tu aprobación y escuchar tu consejo. Vieras que necesito sentirme respaldado por ti, porque eso me da confianza para enfrentar al mundo. Si no estás respaldándome y apoyándome, no hay chance alguno de que yo me sienta seguro en esta vida. No hay nada que yo vaya a hacer que esté cien por ciento seguro de ello si no estás alentándome y diciéndome que voy bien. La vida no es fácil vivirla, y necesito saber que alguien confía en mí, necesito saber que lo estoy haciendo bien. Papá, es importante que estés presente cuando celebre mis éxitos. Sí, aunque no te lo haya dicho, quiero celebrarlos contigo. Puede estar el auditorio lleno y cientos de personas aplaudiéndome, que no voy a estar tranquilo hasta ubicarte en medio de la multitud y saber que ahí estás. Puede haber miles o puede no haber nadie; yo solo espero compartir mis alegrías con mi familia, contigo, papá. Y cuando las cosas vayan mal, deseo, anhelo, necesito tener tu protección, tu auxilio y tu ayuda. Necesito que los que me apadrinen no sean mis amigos ni mis compañeros, necesito que sea mi padre. El único que yo sé que no me abandonará. Cuando caiga, que seas tú el que me sostenga y me traiga de vuelta. Papá, para mí es importante saber que estás para apoyarme.

4. Ejemplo

»Papá, siempre te estoy viendo. Siempre estoy esperando ver qué haces para yo hacer lo mismo. Yo quiero ser como tú. Eres mi héroe. Mi modelo para seguir. Yo quiero ser como tú, papá. Tú me enseñas a ser un esposo y un papá. Cuando mi hermanita busque novio, sí, va a buscar a alguien como tú. Siempre te estoy viendo como mi ejemplo.

5. Amor

»Papá, sé que me amas cuando me abrazas. Papá, sé que me amas cuando me besas. Papá, sé que me amas cuando me cobijas a la hora de dormir. Papá, sé que me amas cuando me pones una venda. Papá, sé que me amas cuando me reafirmas. Papá, sé que me amas cuando me bendices. Papá, sé que me amas cuando me das más atención que a tus amigos. Papá, sé que me amas cuando me preguntas cómo estoy. Papá, sé que me amas cuando me motivas a dar lo mejor. Papá, sé que me amas cuando me dices lo que es bueno para mí, y no lo que yo quiero escuchar. Papá, sé que me amas cuando me enseñas el camino. Papá, sé que me amas cuando me disciplinas. Papá, sé que me amas cuando me dedicas tiempo. Papá, sé que me amas cuando me apoyas. Papá, sé que me amas cuando me das el ejemplo. Papá, sé que me amas sin importar las circunstancias. Papá, sé que me amas cuando me lo dices. Papá, lo que necesito para poder vivir una buena vida es sentirme amado… ¡Te amo, papá!».

¡Cuánto anhelo genuino! ¡Cuánta verdad en tantas voces! Mire lo que me sucedió a mí cuando mi hijo Esteban tenía 19 años. Él me escribió una carta que me llegó profundamente. En ella reveló su amor por mí y, a la vez, me recordó que él sigue mis pasos y que mi ejemplo lo inspira, pero, sobre todo, que soy yo el que le abre o le cierra puertas. He conservado esa carta para nunca olvidar lo que significo para mi hijo y lo que él espera de mí. En esa carta ya no veo a un niño dependiente, veo a un hijo que ha crecido y espera de mí integridad y ejemplo. Sentencia su carta con una frase determinante: «Nunca, por nada del mundo, se te ocurra meter la pata con algo que vaya a destruir la integridad de tu familia. Pídele a Dios por que constantemente te libre de la tentación».

Me escribió: «Pa, es impresionante la sabiduría que Dios te ha dado. En verdad, esto que haces y dices es de Dios: solo el hecho de que Él te use para una charla, una conferencia, un programa de radio, para ayudar a las familias y ser un excelente papá es algo que a mí me reitera que haces algo respaldado por Dios. Es Él viéndose en tu vida a través de lo que haces todos los días. Nunca dejes ese corazón enamorado y apasionado por Dios. La manera en que tratas a tu familia, no la cambies, es perfecta.

Si alguna vez te he fallado o decepcionado, te pido perdón. El hecho de que bendigas a tu hijo constantemente es un hermoso legado que vas a dejar para las generaciones que vienen, ya que será algo que continuaré haciendo con mis amigos y con mi familia. Nunca, por nada del mundo, se te ocurra meter la pata con algo que vaya a destruir la integridad de tu familia. Pídele a Dios por que constantemente te libre de la tentación. Mi modelo para seguir es Cristo y la Palabra de Dios. Igual, para mí, eres mi ejemplo, por lo tanto, te pido que te esmeres en seguir a Cristo, ir adelante impulsado por el Espíritu Santo y la Palabra de Dios. Papi, te amo. A mi papá terrenal lo amo más allá de que sea Sixto Porras de Enfoque a la Familia, lo amo porque Dios lo puso en mi vida, lo amo porque es un papá excelente y quiero llegar a ser un día como él mientras él no deje de seguir a Cristo. Eres parte de la esperanza que tiene este país y este mundo. Lo bueno es que te exige ser íntegro cada vez más. Te amo... Ese eres tú. Si te pudiera describir sería "amor". Es lo que me dices todos los días, y es lo que brota de ti con cada detalle. Te ama, tu hijo Esteban».

Esteban ahora se levanta como el receptor de mi amor, pero también como el vigilante generacional que me impone un estilo de vida, una forma de ser, un destino; me invita a ser íntegro, a medir bien mis pasos, y me recuerda que soy parte de la esperanza que tiene él y este mundo. Eso significa que estoy en deuda con mis padres, que abrieron camino para mí, y ahora con la futura generación, la que se levanta a partir de lo que Helen y yo hemos sembrado en sus vidas.

La carta de Esteban es la recompensa más grata que he recibido, porque mi hijo desea amar al Dios que su madre y yo hemos amado, y ahora desea servir a Dios como lo hacemos nosotros. Esta es la alegría de todo padre y de toda madre. Por eso nos toca ser perseverantes en la misión de edificar sus vidas.

Capítulo 9

¿CÓMO INSPIRO ESPERANZA
EN LOS QUE AMO?

*Solo tenía 18 años cuando me casé. Ambos queríamos
salir adelante. Él empezó a trabajar y a estudiar. Dormía
dos horas diarias y, mientras él dormía, yo le hacía las
tareas. Hoy es licenciado en criminología y excelente
padre, esposo, hijo y, sobre todo, gran ser humano porque
se da a los demás. Estoy felizmente casada y tengo treinta
y dos años de estar con mi esposo, con cuatro hermosas
hijas, ya todas adultas y una de ellas, adoptada.*

—EVELYN

CUANDO CREEMOS QUE podemos alcanzar lo que soñamos,
se produce la esperanza. La esperanza alimenta los sueños
y genera ilusión por el futuro. Es la esperanza la que da alegría y genera expectativa por el mañana. Ella es producto de
una actitud positiva ante la vida y trae beneficios en todo sentido, brinda confianza y saca lo mejor de nosotros, haciendo que
seamos más amistosos con las demás personas y más, aún, con
los miembros de la familia. También conlleva motivación que
nos mueve a la acción. Cuando alguien tiene esperanza, tiene
más probabilidades de alcanzar las metas propuestas y aumenta
la posibilidad de obtener mejores resultados. Un individuo con
esperanza se plantea más objetivos en la vida.

La esperanza no ignora las dificultades ni los problemas, es
más bien la que nos dirige a buscar soluciones. Las personas con
esperanza tienden a ver los obstáculos como pruebas por superar
y se sienten en la capacidad de hacerlo.

Es la esperanza la que nos trae la convicción de que los problemas no duran para siempre, de que todo pasa y de que las

heridas del camino sanarán con el tiempo. La esperanza hace que surja fuerza de nuestro interior, es la que nos permite ver la luz en el horizonte y nos guía de la oscuridad a la claridad, haciéndonos comprender que vienen días mejores. Es la esperanza la que nos hace enfrentar con buen ánimo la circunstancia adversa, la noticia que no nos agrada y la decepción que no esperábamos. Es la esperanza la que combate los pensamientos de descalificación y transforma las limitaciones circunstanciales en la confianza de que vendrán nuevas oportunidades. Es la esperanza la que nos hace vivir la vida en plenitud.

La esperanza no surge del lugar donde vivimos, las comodidades que tenemos o el auto que lucimos, sino que la produce la condición del corazón, la gratitud, la fe, la constancia y el buen ánimo. Eso que otorga significado verdadero a la vida.

La esperanza nos hace estar despiertos. Sin esperanza, las personas pierden la ilusión por la vida y la confianza, y sienten que no vale la pena intentar nada.

La esperanza es una conquista del corazón; se debe buscar en medio de la alabanza, la gratitud y la confianza plena en Dios, pues es lo que nos hace ordenar a nuestras emociones que descansen en Él. Tal y como lo hizo el salmista:

«¿Por qué voy a inquietarme? ¿Por qué me voy a angustiar? En Dios pondré mi esperanza y todavía lo alabaré. ¡Él es mi Salvador y mi Dios!».

—SALMO 42:5

¿DE QUÉ SE ALIMENTA LA ESPERANZA?

1. Las metas: una persona con esperanza se propone metas y, quien lo hace, aumenta su nivel de motivación interna. Las metas nos obligan a ver hacia el mañana con buen ánimo. Existen más probabilidades de éxito y de lograr las metas cuando tenemos esperanza.

2. El plan: las metas requieren un plan para ser alcanzadas, un plan que integre varias alternativas y formas de lograrlo. Es elaborar la estrategia lo que conducirá a los objetivos propuestos. La falta de esperanza

hace que la persona se vuelva lenta en la elaboración de sus planes y tienda a abandonar sus proyectos ante los primeros contratiempos. La vida es una carrera de obstáculos y la esperanza produce la perseverancia necesaria para vencerlos. La esperanza nos hace sentir que, al final, lo lograremos y por eso nos mantenemos caminando persistentemente.

3. La confianza: la confianza surge cuando el fundamento es seguro, y el mejor fundamento para la vida es poner toda nuestra confianza en Dios. Para esto debemos llenar nuestras mentes y corazones con la Palabra de Dios y convertirla en la guía para nuestra existencia. Quizá este par de citas bíblicas le den el empujón que usted necesita:

«—No tengan miedo —les respondió Moisés—. Mantengan sus posiciones, que hoy mismo serán testigos de la salvación que el Señor realizará en favor de ustedes. A esos egipcios que hoy ven, ¡jamás volverán a verlos! Ustedes quédense quietos, que el Señor presentará batalla por ustedes».

—Éxodo 14:13-14

«El Señor es mi pastor, nada me falta; en verdes pastos me hace descansar. Junto a tranquilas aguas me conduce; me infunde nuevas fuerzas. Me guía por sendas de justicia por amor a su nombre. Aun si voy por valles tenebrosos, no temo peligro alguno porque tú estás a mi lado; tu vara de pastor me reconforta».

—Salmo 23:1-4

La confianza surge al valorar la capacidad que tenemos para alcanzar lo que nos hemos propuesto. Es la confianza la que nos impulsa a decir: «Tengo un gran plan y lo voy a lograr porque yo puedo hacerlo». «He tomado la decisión correcta y alcanzaré lo que he planeado». «Daré lo mejor de mí para lograrlo».

CUANDO SE HA
PERDIDO LA ESPERANZA

Una persona sin esperanza solo hace lo que debe hacer, pero posiblemente no tenga metas a largo plazo, porque la falta de esperanza elimina la ilusión de algo mejor, roba la energía, vuelve lentas a las personas para actuar, hace posponer decisiones importantes (incluso, nos puede detener) y ocasiona pérdida de confianza.

La falta de esperanza limita a las personas porque tienen menos expectativas y se sienten vacíos o incomprendidos, haciendo que su actitud sea negativa hacia los demás.

Lo contrario a la esperanza es el pesimismo, que produce desesperación, angustia, una sensación de incertidumbre, ataques de pánico y pensamientos destructivos. Todos, en muchos momentos de la vida, hemos tenido que luchar contra alguno de estos sentimientos.

La mejor forma de contrarrestar el pesimismo es cambiando nuestra forma de pensar, lo cual facilita una mejor actitud ante la vida. Esto lo podemos lograr recurriendo a la fuente de la vida que es nuestro Dios. Es permitirle a Él que nos hable al corazón y cambie nuestra forma de pensar. Lea conmigo estos dos pasajes y alégrese:

> «Así que no temas, porque yo estoy contigo; no te angusties, porque yo soy tu Dios. Te fortaleceré y te ayudaré; te sostendré con mi diestra victoriosa».
>
> —ISAÍAS 41:10

> «Porque yo soy el Señor, tu Dios, que sostiene tu mano derecha; yo soy quien te dice: "No temas, yo te ayudaré"».
>
> —ISAÍAS 41:13

Nada hay que fortalezca más nuestra vida que una verdad revelada al corazón.

La vida no es fácil, hay momentos cuando las fuerzas se agotan, los complejos nos descalifican y las personas nos fallan. Hemos intentado mil cosas y nada sale como lo hemos planeado. Esto nos puede llevar a estigmatizarnos como fracasados y creemos que es imposible avanzar a la siguiente etapa. Es en medio de todas estas circunstancias donde se pierde la esperanza.

No es raro que hayamos crecido en ambientes de descalificación o de agresión. Puede ser que desde pequeños nos hayan dicho que seríamos incapaces de alcanzar algo en la vida, o bien, que siempre seríamos personas mediocres. Esto roba la esperanza y las fuerzas, y nos limita. Si nuestra infancia se desarrolló en esos ambientes, es necesario levantarnos para escribir una nueva historia y comenzar a comprender que hemos crecido, y esto nos convierte en personas responsables de nuestro propio destino. Debemos aprender a perdonar a quienes nos lastimaron, abusaron o abandonaron. Si nos marcaron con palabras de descalificación, vamos a cambiar nuestro diálogo interno de tal manera que en lugar de amargura, expresemos esperanza y buen ánimo. Es a partir de comenzar a soñar en un mejor mañana que nos levantamos de los efectos de esos círculos tóxicos.

Nos corresponde establecer un nuevo fundamento, uno donde prevalezca el autorrespeto; solo así tendremos paz con nosotros mismos y nos será más fácil lograrla con los demás y en cualquier circunstancia.

Es el tiempo de comenzar a cambiar nuestras creencias, a desaprender lo que nos limita y a definir lo que somos en función de la esperanza.

RECUPERANDO LA
ESPERANZA PERDIDA

No podemos inspirar esperanza en otras personas si no la tenemos nosotros mismos. Por ello, debemos recuperarla para, luego, hacerla brillar en los demás:

1. No podemos negar el dolor que vivimos, pero tampoco podemos dejarnos dominar por él. Debemos tomar el tiempo necesario para llorar, pero no podemos dejarnos consumir por el dolor que sentimos. Hay tiempo para llorar, pero también tiempo para levantarse, tiempo para pensar y tiempo para actuar. Es la esperanza la que nos conduce a la serenidad y la perseverancia necesarias para remontar la adversidad.

2. En lugar de pensar en el sufrimiento que estamos atravesando, pensemos en las cosas constructivas para encontrar una salida a la situación que enfrentamos. El dolor no tiene que convertirse en el centro de nuestro pensamiento, tenemos que encontrar los pensamientos correctos que nos permitan disuadir el sentimiento de aflicción y encontrar ideas que nos conduzcan a la salida de lo que estamos viviendo. Tenemos que ser capaces de analizar las diferentes alternativas que tenemos para levantarnos de nuevo. Recuerde que el dolor que se experimenta en los momentos difíciles forma el carácter y desarrolla la creatividad.

3. No podemos gastar tiempo hablando a todos sobre los dolores que estamos enfrentando y comportarnos como víctimas. No inspiremos lástima porque no resuelve lo que estamos viviendo. Mejor busquemos consejo para enriquecer nuestro criterio, alguien que nos escuche y con quien llorar, alguien confiable y capaz de hacernos ver opciones. Busquemos levantar el ánimo y elevar el nivel de esperanza.

4. Hay cosas que nadie puede hacer por nosotros en medio de la adversidad: es nuestra responsabilidad levantarnos nuevamente. Por esta razón, no podemos responsabilizar a nadie por lo que estamos experimentando.

5. La vida nos ha demostrado que siempre, detrás de la noche oscura, sale el sol radiante y, aunque haya nubes, ahí está el sol, presto para alumbrarnos y calentarnos. Luego de la tormenta, viene la calma. Y es precisamente la esperanza la que nos hace soñar despiertos en un mejor amanecer.

6. Los seres humanos solemos ver más lo malo que lo bueno, pero la esperanza produce dicha, alegría y nos hace ver que el fracaso y la adversidad son menos que los momentos de gloria que experimentamos al levantarnos de nuevo.

7. La esperanza se fundamenta en la confianza plena en Dios y la desesperanza, en la ignorancia que distorsiona la realidad.

8. Si con nuestra actitud ayudamos a las personas a tener esperanza, habremos cumplido nuestra misión en la tierra.

¿CÓMO INSPIRAR ESPERANZA EN LOS NUESTROS?

1. Cuando tenemos esperanza, la inspiramos en los demás: la mejor forma de inspirar esperanza, fe y confianza en los otros se da mientras ellos nos ven caminar con ilusión, con ganas, con metas y planes para alcanzar objetivos. Pero sobre todo, cuando nos ven confiar plenamente en Dios. Nada hay más alentador para un hijo que observar a sus padres orar por ellos y anunciando un día mejor para la familia. Esto se convierte en la principal fuente de inspiración para quienes nos rodean.

2. Cuando les ayudamos a descubrir su potencial: es imposible tener esperanza cuando no sabemos en qué somos buenos; por eso, la mejor forma de contribuir con los demás para que tengan esperanza es ayudarles a enfocarse en sus fortalezas para que dejen de sobredimensionar sus debilidades. Es una tendencia humana no valorar aquello en lo que somos buenos y darle demasiada importancia a aquello en lo que no somos muy eficientes. Cuando ayudamos a los que amamos a concentrarse en el desarrollo de sus potencialidades les estamos animando a tener esperanza.

3. Cuando los apoyamos en definir sus propias metas: ello les da esperanza porque les produce confianza e ilusión. Matamos la ilusión por la vida cuando imponemos nuestras metas a los demás, en lugar de ayudarles a descubrir su propio camino.

4. Cuando los acompañamos en la ruta por seguir: es difícil tener esperanza cuando recorremos solos el

camino, pero se genera buen ánimo cuando otros nos acompañan en el recorrido. Pero no basta con acompañar: debemos ser personas que inspiren, animen y afirmen. Todos necesitamos buenas personas a nuestro lado, por eso debemos ser la persona correcta para los demás. Dos pueden más que uno, porque si uno duda, el otro lo puede afirmar; si uno se debilita, el otro lo puede sostener; si uno cae, el otro lo puede levantar; si uno se equivoca, el otro lo puede corregir; si uno llora, el otro lo puede consolar; si uno se cansa, el otro lo puede animar; si uno es atacado, el otro lo puede defender.

5. Cuando estamos presentes en los momentos difíciles: es en esos momentos cuando se necesita la compañía de las personas que más amamos, las que nos pueden ofrecer el hombro para llorar y nos dan la palabra de ánimo que necesitamos escuchar. Los tiempos difíciles se constituyen en los momentos de la verdad, en los que muchos abandonan porque pierden la fe y la esperanza; pero es en los momentos difíciles cuando surgen las relaciones fuertes y se afirma el amor que nos tenemos. Pablo, haciendo memoria de su hijo amado Timoteo, le escribe hablándole del corazón, animándolo y pidiéndole que no se avergüence de él. Todos, en el dolor, somos sensibles y necesitamos a la familia y a los amigos del alma. Pablo no vaciló al decirle:

«Al recordarte de día y de noche en mis oraciones, siempre doy gracias a Dios, a quien sirvo con una conciencia limpia como lo hicieron mis antepasados. Y al acordarme de tus lágrimas, anhelo verte para llenarme de alegría. Traigo a la memoria tu fe sincera, la cual animó primero a tu abuela Loida y a tu madre Eunice, y ahora te anima a ti. De eso estoy convencido. Por eso te recomiendo que avives la llama del don de Dios que recibiste cuando te impuse las manos. Pues Dios no nos ha dado un espíritu de timidez, sino de poder, de amor y de dominio propio. Así que no te avergüences de dar testimonio de nuestro Señor, ni tampoco de mí, que por su causa

soy prisionero. Al contrario, tú también, con el poder de
Dios, debes soportar sufrimientos por el evangelio».

—2 TIMOTEO 1:3-8

6. Cuando inspiramos confianza: todos necesitamos confianza y esta se alimenta cuando los demás confían en
nosotros. Delegar responsabilidades, aplaudir éxitos,
animar en los momentos difíciles, afirmar, confiar en
los demás eleva el nivel de esperanza.

7. Cuando manejamos bien el enojo: muchas veces, durante nuestra carrera como padres o madres, vamos
a hacer o decir algo que hará que nuestros hijos se
enojen con nosotros. ¿Debemos permitirles que expresen esa emoción? Si bien es cierto que debemos enseñar a nuestros niños y jóvenes a ser respetuosos con
sus padres y no permitirles que los insulten o hablen
de una manera injuriosa, es prudente que nuestros
hijos sepan que ellos pueden decirnos cualquier cosa,
incluyendo las muy negativas, mientras que sea dicho
de una manera considerada, atenta, cortés y tolerante.
Seguir este principio permite que cada miembro de la
familia pueda hacerle frente al enojo. De lo contrario,
si un menor crece siendo incapaz de expresar verbalmente las emociones negativas que él tiene hacia su
madre o padre, frecuentemente lo demostrará de otras
maneras, mediante lo que los psicólogos llaman «agresión pasiva». Quizás, el menor no tendrá una actitud
positiva hacia ciertas circunstancias, se orinará en la
cama, obtendrá malas calificaciones en la escuela o,
incluso, comerá demasiado. Estas son simplemente
maneras inconscientes de expresar la hostilidad acu-
mulada hacia sus padres. Comúnmente, los niños no
son conscientes de que estas cosas son provocadas por
su enojo reprimido. Y posiblemente, sus padres ig-
noran lo que hay detrás de acciones como estas.

CUANDO LA HISTORIA SE CAMBIA

Es difícil ser padres. Nadie nació aprendido. E incluso aquellos que han tratado de inspirar y hacer lo mejor posible por los suyos, habrán experimentado, o lo harán, momentos en los que necesitan ellos mismos esperanza. ¿Sabe una cosa? No es raro que, muchas veces, esa esperanza provenga de los hijos: aquellos a quienes teníamos que formar, ahora resulta que son nuestro ejemplo.

Espero que la carta que le escribió Haim, una adolescente a su padre, Riad Oke, lo inspire cuando se sienta desanimado, pase una crisis o esté lejos de casa.

«Papito, una persona privilegiada me siento hoy más que nunca, porque tengo el honor de decir quién es mi papi y todo lo que significas para mí. Tú eres mi héroe, que me rescatas del peligro y me ayudas a distinguir entre lo bueno y lo malo. Me dices "te amo" con un gesto de tus labios. Con tu mirada expresas el brillo de tu alma y la valiosa persona que hay dentro de ese cuerpo de carne y hueso. Con tus locuras y payasadas muestras ese niño ingenuo, pero alegre y espontáneo, que llevas en el fondo de tu corazón. En tu seriedad y formalidad nos demuestras tu responsabilidad, enseñándonos al mismo tiempo que la vida es dura y difícil, pero que no estamos solos, que a nuestro lado tenemos a un Dios verdadero que nos ama sin importar lo que hagamos y nos perdona todos nuestros errores cada vez que los cometemos. Tu espíritu luchador e impulsador nunca se apaga ni deja que sus sueños se acaben. En los momentos difíciles, cuando parece que todo está perdido, ves una salida y nos muestras el mejor camino para seguir, y nosotros siempre permaneceremos seguros en tus manos. Nunca permitas que tus ilusiones se acaben, porque la única forma de obtener lo que quieres es teniendo paciencia y mucha fe. Nunca te rindas y lucha por lo que quieres, porque para Dios no hay nada imposible. No sufras por la situación económica, todo el mundo está pasando por eso, pero la diferencia es que tienes una familia hermosa, una hija que representa vida para tu vida; ten por seguro que cualquiera de nosotros haría lo que fuera para verte feliz. Gracias por mostrarme ese ejemplo, esa figura verdadera de lo que en realidad representa un padre en todas las áreas de su vida, gracias por permanecer siempre a mi lado. Aunque como todos tengas defectos, son más tus cualidades únicas e incomparables. Nunca te olvides de que siempre te amaré, pase lo que pase, y al pensar en ti, mi mente se iluminará y a mi rostro una grata sonrisa llegará, llenándome de maravillosas esperanzas de un mejor mañana. Tu hija, Haim».

¿Qué podemos decir de esto?

- Un padre y una madre en la vida de sus hijos significa, en los labios de Haim, un héroe; aquel que abre camino para que sus hijos pasen. El que inspira con sus palabras, el que anima con su ejemplo. El que en silencio hace que sus hijos crezcan.

- «Me ayudas a distinguir entre lo bueno y lo malo». Los padres son la principal fuente de transmisión de valores, son la influencia más poderosa en la vida de los hijos. Los que ayudan a desarrollar el discernimiento, esa sensibilidad que les permite distinguir entre lo correcto y lo que está mal.

- «Me dices "te amo" con un gesto de tus labios». Nuestros hijos están esperando escuchar un «te amo» de nuestros labios, recibir un abrazo oportuno que les haga sentir seguros.

- «Con tus locuras y payasadas muestras ese niño ingenuo, pero alegre y espontáneo, que llevas en el fondo de tu corazón». Es en la convivencia familiar donde surgen recuerdos de anécdotas, alegrías y sonrisas que nunca se olvidan.

- «En tu seriedad y formalidad nos demuestras tu responsabilidad, enseñándonos al mismo tiempo que la vida es dura y difícil, pero no estamos solos, que a nuestro lado tenemos a un Dios verdadero que nos ama sin importar lo que hagamos y nos perdona todos nuestros errores cada vez que los cometemos». Es la convivencia, la relación y el tiempo compartido lo que permite instruir. Ellos aprenden a ser responsables cuando nos ven ser responsables, aprenden a apreciar el trabajo cuando nos ven amar el trabajo, aprenden a amar a Dios cuando nos ven amar a Dios. Esta es una de las principales misiones en la vida: enseñar a nuestros hijos a amar a Dios por ellos mismos, a vivir con justicia y a tener un espíritu de superación.

- «Nunca permitas que tus ilusiones se acaben, porque la única forma de obtener lo que quieres es teniendo paciencia y mucha fe (...) No sufras por la situación económica, todo el mundo está pasando por eso, pero la diferencia es que tienes una familia hermosa, una hija que representa vida para tu vida; ten por seguro que cualquiera de nosotros haría lo que fuera para verte feliz». En los momentos difíciles son ellos los que están ahí para abrazarnos y para elevar nuestro ánimo.

Capítulo 10

CÓMO GANAMOS EL RESPETO
DE NUESTROS HIJOS

*Y ustedes, padres, no hagan enojar a sus hijos, sino
críenlos según la disciplina e instrucción del Señor.*

—EFESIOS 6:4

E<small>N EL MOMENTO</small> en que se dice la palabra «autoridad», hay
personas que equivocadamente piensan que se refiere a severidad y enojo. No obstante, la autoridad trata sobre un liderazgo
que se hace respetar. Si el líder no infunde respeto, no hay liderazgo, sino anarquía y caos, y surge un verdadero peligro.

La misión fundamental de los padres es entrenar a los hijos
para enfrentar la vida con acierto; para esto se requiere equilibrar el amor, el respeto y los límites. Esto permite a los hijos
crecer en disciplina, que es el proceso para adquirir autonomía,
autocontrol y comportamientos socialmente aptos para relacionarse con los demás en forma adecuada.

El respeto inicia con una disciplina constante y esta empieza
por lo positivo, por definir el comportamiento que deseamos en
nuestros hijos para su propio bien. Partimos del proceso de establecer límites y explicarlos con claridad para definir las conductas que se consideran inapropiadas.

El hecho de marcar límites claros y mantener una disciplina
bien entendida otorga un camino dirigido hacia la responsabilidad, la madurez, la independencia y la libertad. Esta tarea
implica un arduo trabajo, pero la perseverancia dará gran satisfacción a todos, al legar a las nuevas generaciones las bases sólidas para enfrentar la vida.

¿CUÁNDO LOS HIJOS PIERDEN
EL RESPETO POR SUS PADRES?

Cuando ha habido ausencia o un incorrecto equilibrio de los elementos citados: liderazgo, respeto, amor, límites y disciplina; al crecer, muchos adolescentes tienen dificultades en sus relaciones interpersonales con los adultos, experimentando una sensación de incomprensión que suele generar una incapacidad de seguir instrucciones, rebeldía y resistencia a la autoridad. Detrás de ello, hay una búsqueda de aceptación y seguridad.

Enseñar a nuestros hijos a respetar a los demás y, sobre todo, a la autoridad, contribuye a su felicidad y a su desarrollo humano, y les permite tener relaciones sociales satisfactorias. Ello se imposibilita:

- Cuando los padres son débiles a la hora de ejercer la autoridad y ceden fácilmente ante las presiones, las amenazas y las manipulaciones de los hijos.

- Cuando la autoridad está dividida y se boicotea a sí misma. Esto es muy común cuando los padres no se ponen de acuerdo y los hijos aprenden a sacar provecho de eso.

- Cuando los progenitores se irrespetan entre sí. Rogelio lo ejemplifica: «Solo bastaba que nos sentáramos a la mesa para que mi esposa comenzara a humillarme delante de mis hijos. Sus insultos eran constantes. Lo que hacía era quedarme en silencio. Era como si tuviera furia contra mí y no comprendía por qué». Adivine qué ha sido de sus hijos...

- Cuando el progenitor deja el hogar, lo que hace que los hijos experimenten un sentimiento de abandono y no puedan comprender por qué van a respetar a alguien que los abandonó. Pero también suele ocurrir que irrespeten al progenitor que se quedó, al que no es raro que culpen por el abandono del que se marchó.

- Cuando los padres agreden a los hijos, lo que hace que ellos les teman, pero no los respeten.

- Cuando los adultos se comportan como si fueran iguales a los hijos. En ocasiones, quieren sentirse tan iguales a los adolescentes que hablan y se comportan como ellos, lo que, incluso, produce vergüenza en los jóvenes.

Primeros desafíos infantiles

El primer desafío a la autoridad se da cuando el niño tiene cerca de dos años. En el momento en que va descubriendo quién manda, comienza a desafiar los límites insistiendo en ir por donde se le ha prohibido.

Tenemos que ganar esta primera pelea porque esto determina quién tiene la autoridad en la casa, y más porque los niños aprenden a manipular con llanto y gestos. Sin embargo, una vez que la autoridad es establecida, comienzan a seguirla. No obstante, conforme van creciendo, es muy probable que presionen para empujar los límites, buscando desobedecer la regla para ver hasta dónde pueden llegar. Empero, la obediencia no depende de los hijos, sino de cuán constantes somos los padres.

El respeto, al igual que la autoridad, es algo que se gana con el tiempo, con consistencia, firmeza y expresiones de afecto. Es una construcción diaria y requiere un trabajo en equipo. Las reglas son para cumplirse: no esperemos que las reciban con agrado, así que: paciencia.

Reglas, límites y disciplina

Conocer las reglas, los límites y las consecuencias proporciona a hijos seguridad y confianza, haciendo agradable el ambiente familiar y fortaleciendo el vínculo entre ellos. Además, ayuda a tener clara la diferencia entre lo bueno y lo malo, lo correcto y lo incorrecto, permitiendo un mejor discernimiento a la hora de decidir, así como aumenta la autoestima y el control de las propias acciones.

Hay que reconocer que es un proceso continuo de comunicación, apoyo y firmeza. Para ello, hay que definir los límites de manera clara:

- ¿Qué es lo que los hijos deben hacer? Los padres deben establecer solo las reglas necesarias y verdaderamente importantes. Luego, necesitan conversar con sus hijos y explicarles qué es lo que esperan de ellos. Esta explicación debe ser clara y específica. Si no la hemos hecho en detalle, no tratemos de que cumplan. Las reglas y los límites deben estar fundamentados claramente y por adelantado, evitando exigencias imposibles: estemos seguros de que se pueden cumplir.

- ¿Quién es el responsable? Una vez que el hijo comprende lo que se espera de él, considerémoslo responsable de su comportamiento. Esto parece fácil, pero frecuentemente, conduce a una competencia de voluntades entre progenitores y descendencia. Es importante que los padres ganen esos enfrentamientos.

- ¿Por qué se estableció? Es bueno recordar a los hijos que las reglas son para su propio bien, para fortalecer su carácter, para evitar situaciones de peligro y para ayudarlos en una necesidad académica o personal. Disciplina implica postergar «nuestros» deseos para alcanzar un bien mayor, pero los hijos aún no tienen la madurez para entender eso. Enseñemos cómo manejar emociones adecuadamente.

- ¿Deben ser rígidas las reglas? Es válido que las reglas y los límites tengan el carácter de ser flexibles cuando las circunstancias cambian, por ejemplo, con la edad. En la medida en que crecen, negociemos. Esto les enseñará a dialogar, a expresar su criterio con respeto, a diferir y, sobre todo, a llegar a acuerdos. También les será más fácil seguir normas. Es saludable tener conversaciones para retroalimentarnos y aprender juntos sobre la experiencia. Conforme nuestros hijos crecen, van adquiriendo más responsabilidades y, a la vez, más privilegios. Un día, ellos deberán seguir sus propias normas, pero ya tendrán estructura y orden en la vida.

- ¿Qué sigue después de esos cambios evolutivos? Después de escuchar lo que los hijos tengan que decir y de tomarlos en cuenta, hay que definir qué se hace, cuándo se hace y quién lo hace. Estas son las reglas y deben respetarse y cumplirse, lo cual traerá honra a la familia y proveerá seguridad, estabilidad y libertad.

- ¿Cuál es el tiempo límite de ejecución? Tiene que haber un margen. Si no lo hay, será imposible que los hijos cumplan algo en la vida.

- ¿Cuáles son las consecuencias de romper las reglas que ambos padres decidieron? Si las reglas se incumplen, hay consecuencias. Afirmémonos en la aplicación de las consecuencias, porque van a tratar de manipular con súplicas y promesas.

- ¿Lo podemos hacer más formal? Claro que sí: firmemos un contrato con nuestros hijos donde se establezcan claramente las reglas y las consecuencias. Debemos escribirlo en términos positivos, dialogando y negociando.

LO QUE NO PUEDE FALTAR EN LAS REGLAS, LÍMITES Y DISCIPLINA

- Es natural en todo ser humano poner los límites a prueba, dejarnos llevar por la curiosidad por lo desconocido y expresar rebeldía contra lo establecido y contra la autoridad. Esto es normal. Cuando surjan estas situaciones en las que los hijos ponen a prueba los límites y la tolerancia de los padres, así como situaciones de difícil manejo, no perdamos el dominio propio y mantengamos la calma para no ofender, herir o menospreciar. La firmeza y la disciplina no son equivalentes a violencia. Además, si los límites fueron violentados, debemos discernir si fue un desafío voluntario a la autoridad o mediaron otras circunstancias, como presión de un compañero, la instrucción de un adulto, etc.

- El amor debe guiar. Es muy probable que la relación sea buena cuando está caracterizada por un amor genuino. Tratar con dignidad y respeto les permite convertirse en personas seguras, autosuficientes y con principios y valores firmes. La autoridad no está en juego, pero es indispensable que sea firme y, a la vez, amorosa. La autoridad está clara y definida, pero también lo está el cariño.

- El amor de los padres hacia sus hijos es incondicional, no depende de su buena conducta. Pero una de las cosas que estimula a todo ser humano es la afirmación y las recompensas. Un cambio de actitud, un buen comportamiento o el cumplimiento de una regla merece una celebración y una palabra de estímulo. Con el buen comportamiento, los hijos no compran amor, pero sí ganan recompensas.

- Lo que los hijos observan en casa es lo que ellos harán. La forma en que la familia se relaciona es el primer ejemplo a seguir.

MANEJO DE UN BERRINCHE

Un berrinche es una reacción agresiva y de falta de respeto hacia la autoridad de los padres. Puede manifestarse por medio de gritos, portazos, despliegues emocionales o escenas públicas de inconformidad.

Un capítulo de berrinche es incómodo, pero como papás, necesitamos resguardar nuestro hogar de acciones violentas. Aunque el hijo se altere, procuremos no levantar la voz ni responder con agresividad. Para pelear se necesitan dos. Ante esta situación, debemos mantenernos firmes, pero tranquilos y calmados, bien posicionados en la decisión tomada y esperando un tiempo prudencial para dialogar.

Ser padres no es siempre muy popular entre los hijos. Por eso el diálogo puede ser: «Te amo, y porque te amo, hay que obedecer en lo que corresponde».

Eventualmente, el menor se dará cuenta de que su comportamiento de rabieta no va a conseguirle lo que quiere, sea un objeto, un permiso o, incluso, llamar la atención de sus padres.

Nadie puede tomar nuestro lugar como progenitores en la formación del carácter de nuestra descendencia. Si vencemos ante el berrinche que, al final de cuentas, no es más que manipulación, nuestros hijos perderán la posibilidad de dominar una crisis emocional. Los hijos necesitan aprender a manifestar su enojo y frustración, claro que sí, y esta será una buena oportunidad para instruirlos en ello.

HABILIDADES PARA DESARROLLAR EN NUESTROS HIJOS(AS)

- Descubrir quiénes son: saber encauzar la energía y los intereses guiados por su propia motivación. Ello aumenta la confianza en sí mismos y un sentido de bienestar consigo mismos.

- Respeto y afecto: debemos enseñar a nuestros hijos las formas apropiadas para manifestar amor y respeto; saludos, besos y abrazos; formas apropiadas de expresar diferencias de opiniones; la forma correcta de relacionarse con la autoridad; qué comportamientos y actitudes son los más adecuados según el contexto en que se encuentren; cuál es la expresión adecuada de las emociones. También deben tener claro las actitudes de irrespeto que deben ir superando, por ejemplo: gritar, insultar, expresiones de menosprecio, apodos que denigran e indiferencia. Eso se llama dominio propio. Recuerde, que todo comienza con el ejemplo.

- Hábitos de estudio y trabajo: desarrollar la capacidad necesaria para ser sistemáticos y ordenados en las iniciativas y actividades que realizan relacionadas con sus responsabilidades personales. Instruirlos para que se hagan responsables de su aseo personal, de la administración y orden de sus cosas personales y de sus tareas escolares. Estas habilidades deben desarrollarse desde temprana edad.

- Colaboración en el hogar: la familia es un equipo y todos laboran para mantener el orden, el aseo y la armonía en la casa, ello fluye cuando han entendido los límites y las reglas necesarias para alcanzar una convivencia pacífica.

- Buen juicio ante situaciones de amenaza: enseñarles a advertir el peligro y a actuar preventivamente. A los niños pequeños hay que enseñarles a cuidar sus partes íntimas, atravesar una carretera, correr ante un riesgo inminente y a seguir instrucciones ante escollos mayores. En el caso de los jóvenes, ayudarles a enfrentar la presión de grupo en donde su integridad se vea comprometida. Nuestros hijos se sienten seguros cuando han sido respetados en casa y hacen valer su dignidad como personas cuando otro los intimida.

- Lanzarlos a la vida: no podemos encerrarlos en una burbuja; los preparamos para enfrentar la vida por ellos mismos en forma sana y positiva, permitiéndoles desarrollar una conciencia crítica, un espíritu analítico y un gran amor propio. Ya están listos para el reconocimiento de límites.

La autoridad no debe utilizarse para...

- Expresar palabras groseras que hieran emocionalmente y dejen marcas que se recuerden para toda la vida, poner sobrenombres hirientes, etc.

- Golpear por enojo o para someter, subyugar, avasallar, tiranizar o abusar.

- Humillar, hiriendo su amor propio.

- Castigar por venganza.

- Hacer sentir al hijo(a) culpable.

- Reprocharle su conducta.

Por ello, al disciplinar, procuremos respirar profundamente para corregir con calma, criterio y raciocinio. Disciplinar no debe ser un desahogo emocional para los padres.

Nunca es tarde

La disciplina y el respeto son habilidades que se deben inculcar desde la infancia. Sin embargo, si nuestros hijos ya son adolescentes y no han recibido estas habilidades, o como padres sentimos que necesitamos recuperar el tiempo perdido, recordemos: ¡nunca es tarde! Seguimos siendo las personas de más influencia en las vidas de nuestros hijos. Asumamos la autoridad que nos corresponde: definamos claramente quién tiene la autoridad; establezcamos reglas; seamos firmes; seamos perseverantes y pacientes; demos mucho afecto; indiquemos que los trataremos con respeto; invirtamos tiempo; seamos el ejemplo que nuestros hijos quieren imitar.

Capítulo 11

CÓMO CRIAR HIJOS RESPONSABLES E INDEPENDIENTES

Pa, te agradezco por cada consejo sabio que me has dado. Me has dejado equivocarme de la mejor forma, de tal manera que yo aprendiera las lecciones que debemos aprender al inicio. Como aquella vez que me dijeron que la reunión con mis amigos en casa duró 3 horas y que había sido demasiado tiempo porque los padres les esperaban afuera. Pero aun así, ustedes no interfirieron en ese momento, y hasta después me explicaron que se trata de respetar el tiempo de los muchachos y de los padres que vienen por ellos. Pero también sé que mamá y tú me han enseñado cosas esenciales en las que me han ayudado a no tropezar fuerte. Como el saber que las personas son diferentes y que tienen estilos de liderazgo diferente y, así, no pensar que todos deberían ser como yo. Te amo, 'pa'. Gracias por tus enseñanzas. Las recordaré por siempre. Tu hijo.

—Esteban

Al principio, los hijos necesitan protección; con el tiempo, se sueltan poco a poco; y esto es lo natural. Los hijos deben pasar de la dependencia absoluta a la independencia absoluta, en un proceso ascendente de responsabilidades, libertades y desarrollo de inteligencias, habilidades y destrezas. De ahí que ser padres es una tarea muy compleja que va más allá de traer un hijo al mundo: es formar a una persona e influir en su destino y en el desarrollo de su carácter; esto requiere paciencia, dedicación, valentía, firmeza y amor.

Pero también los padres entramos en otro terreno. Desde la niñez y prácticamente hasta su último suspiro, nuestros hijos eligen a las personas con quienes compartir su existencia.

Después de sus padres, las personas que más influenciarán en ellos y en lo que harán son sus amigos. Y en cada oportunidad, deben elegirlos sabiamente. Para esto se requiere inteligencia social y emocional, virtudes que les enseñamos en casa.

Tenemos dieciocho años para formarlos. Para este momento deben saber en qué son buenos, cuáles son sus principales dones y cómo se ven invirtiendo su tiempo. Deben conocer su mapa interno, lo que les permite decidir carrera con asertividad e ir delineando su propio proyecto de vida, incluso, con respecto a quién será su cónyuge para el resto de sus días. Esta decisión tiene implicaciones generacionales y de legado a la humanidad.

Ahora bien, nadie nace aprendido en la desafiante tarea de ser padre o madre, y es natural que en algunas ocasiones se sienta temor ante tal desafío. Por eso quiero darle algunas recomendaciones que le pueden ayudar a formar hijos responsables e independientes.

Fortalezca la autoestima de sus hijos

Es fundamental brindar a los hijos afirmación y no descalificación. Las palabras tienen poder para producir vida o muerte, afirman o destruyen. Que nos escuchen decir lo que pensamos de ellos les da valor, confianza, forja su carácter y marca su destino. Sea un apoyo en la buena formación de la autoestima de su hijo, que lo recuerden por verlo ahí confiando en ellos, diciéndoles cosas como «lo vas a lograr», y no por ser el primero en dudar de sus capacidades.

Expresar amor es otra forma de desarrollar su buena autoestima. Abrace a sus hijos; si nunca lo ha hecho, solo acérquese y lo rodea con sus brazos. Después de la primera oportunidad, resultará cada vez más fácil. Un abrazo dice más que mil palabras y los hace sentir amados, aceptados y apreciados. Pero también dé besos, caricias, sonríales y exprese todo aquello que dice un «te amo», «vales mucho».

Sus hijos deben saber que su amor hacia ellos jamás dejará de existir ni menguará, que es incondicional por el simple hecho de ser sus hijos.

José, un veinteañero entusiasta, me dijo en un seminario: «Mis padres toman tiempo para escucharme y me agrada cuando me abrazan».

GENERE UN AMBIENTE DÉ SEGURIDAD

Ellos deben saber que estamos disponibles cuando nos necesiten. Por ello, como padres y como los adultos responsables, debemos forjar un ambiente de respeto en el hogar, donde prime la paz y las buenas acciones. Y todo se logra con el ejemplo y la cotidianidad. Lo que se dice al levantarse, en la mesa, por el camino, en el diario vivir, son las palabras más importantes y las que siempre recordarán. Lo que hizo en determinado momento crucial será el referente que tendrán para tomar decisiones futuras.

Le transcribo lo que algunos jóvenes me han expresado de sus padres. Esto nos puede dar luz sobre lo que esperan de nosotros:

Diana: «Mis padres me permiten explicar mi punto de vista y esto lo valoro mucho».

Sandra: «He escuchado a mis padres discutir, pero nunca los he escuchado faltarse al respeto».

Manuel: «Mi papá sabe admitir cuando se equivoca y suele decir: "lo siento"».

Francisco: «Me ayudan a pensar cuando debo tomar decisiones».

Flor: «Nunca me comparan».

Alejandra: «Mis padres dejaron de usar un sobrenombre que realmente me hería».

Andrés: «Me gusta cuando me dicen "te amo"; me hace sentir seguro».

TENGA UNA BUENA
RELACIÓN CON SU CÓNYUGE

«Siento que mis padres me aman cuando los veo amarse entre ellos», me abordó Cyntia, luego de un taller con jóvenes.

Un matrimonio saludable brinda estabilidad emocional a los niños, y los padres que comparten una relación sana como pareja serán el referente de socialización para los hijos. Si usted y su cónyuge se conducen con amor, respeto y aceptación, sus retoños crecerán fortalecidos como personas; y si ustedes se gritan en momentos de desacuerdos, es muy probable que sus hijos asuman la misma reacción ante un disgusto con su hermano, primo o compañerito de la escuela.

Si el matrimonio se ha disuelto, de igual forma, es su ejemplo el que guía. Procure llevar una buena relación con su excónyuge por amor a los hijos, ya que es a partir de su ejemplo que ellos aprenderán a sanar heridas.

Sea que esté casado, divorciado, soltero, separado o viudo, usted será el modelo de cómo se llevan las relaciones interpersonales y familiares. Con su manera de conducirse, les enseñará a sus hijos el arte de manejar en sus propias vidas la amistad, el amor y los desacuerdos.

TRATE A SUS HIJOS
CONFORME A SU ETAPA DE VIDA

Trate a su hijo como niño cuando es niño, y como joven cuando es joven.

No se debe tratar a un niño o niña como si fuera un adulto, ni asignarle labores o trabajos que no sean propios de su edad. Tampoco pretendamos comportamientos de adultos en ellos, si no lo son. Ni a la inversa: al joven como si todavía fuera un niñito con contadas responsabilidades o con la indulgencia de no saberse todavía independiente en ciertas áreas.

Cada etapa es necesaria para su sano desarrollo. No lo ponga a correr cuando para su edad debería aprender a gatear; y al revés, no lo deje solo gatear cuando para su edad ya debería empezar a caminar.

Si bien todos los niños y adolescentes se desarrollan física y emocionalmente de manera diferente, existe un promedio de tiempo prudencial. Si tiene dudas, consulte a un experto y a otros padres experimentados que realizan una buena labor en la crianza de su descendencia.

ASIGNE RESPONSABILIDADES
DE ACUERDO A SU EDAD

Conforme van creciendo, pueden asumir más responsabilidades sobre su propio cuidado y colaborar en el hogar; para esto es necesario que aprendan diferentes destrezas. Por ejemplo, si ya tiene edad para atarse solo el cordón de los zapatos, enséñele a hacerlo por sus propios medios, o permítale bañarse solo y vestirse por sí mismo, aunque a usted le parezca que la ropa no combine. Conforme crece, también enséñele a colaborar en las tareas del hogar; puede poner la mesa para cenar, lavar los platos, limpiar los baños, sacar la basura, etc. Estas responsabilidades les brindan sentido de pertenencia y les permiten sentirse útiles, importantes y necesarios.

ESTABLEZCA LÍMITES
Y REGLAS CLARAS

Determine límites porque además de dar seguridad, les ayudarán a conducirse con éxito en la vida. Haga que sus hijos conozcan las reglas del hogar.

Establezca contratos con ellos donde todo esté claro; es decir, que especifiquen, para todos los miembros de la familia, las reglas, las expectativas de comportamiento, los motivos de recompensa y los de corrección.

FOMENTE UNA RELACIÓN
SANA CON LA AUTORIDAD

Autoridad es sinónimo de un liderazgo que se respeta. La autoridad no se impone, se reconoce; la autoridad no intimida, inspira.

Educar no es imponer. Educar es inspirar un espíritu libre, capacitado para juzgar la vida por sí mismo. Si quiere estropear la capacidad de crecimiento de sus hijos, simplemente enséñelos a ser dependientes: hágalo todo por ellos, decida en todo y no les conceda ninguna participación en el proceso de aprendizaje. Pero si les otorga libertad para que participen plenamente en ese proceso, tendrán oportunidad de desarrollar valores que les permitirán transitar por la vida con acierto.

El líder tiene valores, pero estos no se imponen, se forman. Los valores son la huella que los hombres y las mujeres que hemos amado y admirado dejaron en nuestras vidas. Indiscutiblemente nadie tiene más influencia en la vida de un ser humano que sus padres.

RESPONDA TODOS LOS PORQUÉS, PORQUE QUE ASÍ LES PERMITIRÁ DESARROLLAR CRITERIO PROPIO

De esta manera ellos juzgarán por sí mismos la vida con una sana conciencia y con valores definidos.

Es usual que no nos demos cuenta de lo que estamos enseñando a nuestros hijos, pero ellos tienen sus ojos en nosotros todo el día. Usted enseña sus criterios de vida cuando resuelve un problema, hace frente a un conflicto o se dedica a los asuntos más insignificantes en la casa o el trabajo. Esto demanda de usted una conducta coherente con los principios que enseña.

Permítales construir y expresar sus propios criterios. Así ellos podrán tomar decisiones adecuadas cuando ni papá ni mamá estén cerca para aconsejarlos. Por ejemplo, qué responderán cuando les ofrezcan drogas, alcohol o sexo.

AYÚDELES A CONSTRUIR SU PROPIO PROYECTO DE VIDA

Permítales soñar y tener metas personales. Permítales recorrer el camino por ellos mismos. Es tan importante recorrer el camino como alcanzar la meta; esto les ayudará a darse una idea del costo y de la gratificación de su esfuerzo.

VER MÁS ALLÁ

Criar hijos es formar sociedad, por esto puede decirse que es una misión grande y retadora el formar a los ciudadanos del país y del mundo. De ahí que nuestro papel como padres es insustituible; por eso la familia no puede ser reemplazada por ninguna otra institución, ya que su función como formadora de capital social (ciudades con potencial), su socialización, así como su tarea en la transmisión de cultura y de valores es, por lo tanto, insustituible. En definitiva, la familia es el mejor lugar para criar hijos saludables.

Capítulo 12
¿CÓMO SÉ QUE SOY EXITOSO?

El Espíritu da vida; la carne no vale para nada. Las
palabras que les he hablado son espíritu y son vida.
—JUAN 6:63

Es FUNDAMENTAL QUE cada miembro de la familia se sienta y se sepa exitoso. Para lograrlo, alguien tiene que alcanzarlo primero, porque no podemos compartir lo que no poseemos. Por esta razón, he separado un espacio para reflexionar al respecto.

El éxito no tiene nada que ver con el tener, sino con el ser. De modo que el éxito es conocer quién soy y aceptarme tal cual soy, lo que me lleva a desarrollar mi potencial y vivir una vida con propósito, aprovechando las oportunidades para ayudar a otros y, principalmente, para ayudar a que cada miembro de mi familia se sepa una persona exitosa.

El éxito es una conquista personal y también es producto del trabajo de todos los que nos rodean, principalmente, de la familia; por eso es para ser compartido con los que amamos, nuestra familia.

El éxito es ser agradecido con lo que tengo, por lo cual no se puede comparar: es único para cada persona. Cada uno de nosotros tiene características diferentes y una misión particular; cada uno de nosotros es irrepetible. El éxito no se compara, se disfruta y se comparte para que todos crezcamos.

¿Quién tiene más éxito? ¿El que tiene un talento, el que tiene dos o el que tiene cinco? ¡Ninguno tiene más! Porque Dios nos ha dado a cada uno conforme a nuestra capacidad de administrar. Cada persona tiene la necesaria para alcanzar realización satisfacción y para hacer grande a los que la rodean. Todos tenemos la misma oportunidad de multiplicar lo que tenemos, diversificar las actividades y, sobre todo, el privilegio de realizarnos como personas. Nadie es grande porque es mejor que otro sino porque hoy es mejor que ayer, porque tiene esperanza en un mejor mañana. El éxito es consecuencia de un estilo de vida. Es el resultado de una idea que se convierte en motor de una visión, una visión que apasiona, que activa una fuerza interior capaz de desarrollar los mejores dones, habilidades y creatividad; pasión que se sostiene en el tiempo con valores sólidos como la honestidad, la excelencia, la humildad, el amor, la solidaridad y el honor.

El éxito es proceso, es conquista continua. Éxito es esperar el momento oportuno. No ocurre de la noche a la mañana, ni en lo oculto. No es producto de la suerte, es el resultado de un estilo de vida.

No es ausencia de problemas ni de dolor; es satisfacción del deber cumplido, de realización y perseverancia; es el producto de múltiples triunfos y fracasos, de amigos y enemigos, de aliados y de competencia. Es alegría y dolor. Son sueños y desilusiones. Éxito es no claudicar aunque lo haya intentado mil veces. Es mantener la alegría mientras camino. Es caminar aunque no vea ni sienta nada. No lo alcanza quien no lo intenta, tampoco llega quien no camina.

No se puede circunscribir a determinados logros, no es propiedad de una clase social, no es para los de cierta edad o para los que tienen una bella presencia. El éxito es para todos, es el primer paso del niño que lo ha intentado mil veces, es el primer beso de una larga conquista, es pasión convertida en el primer trabajo luego de alcanzar el título, es una nueva idea, es no perder la capacidad de soñar.

Es exitoso el empresario que consolida una nueva compañía, el profesional que obtiene un nuevo doctorado, el que fue seleccionado para el nuevo puesto, la madre que con gran esfuerzo logró que su hijo se graduara, la hija dedicada que ayuda a que sus padres tengan una ancianidad digna... Todos los que lo intentaron y perseveraron han ganado. Es haber labrado un buen nombre, con tenacidad, honestidad y valor.

Dios nos creó con un mapa interno, con una misión en la vida y con las cualidades necesarias para realizar el viaje con acierto y experimentar realización personal mientras caminamos; por eso una persona experimenta el éxito cuando tiene sentido de propósito en la vida, sabe a dónde se dirige, avanza hacia esa meta y ayuda a otros a lograrlo también. Por esta razón somos exitosos cuando ayudamos a nuestros hijos y a nuestro cónyuge a lograrlo también.

¿QUÉ NO ES EL ÉXITO?

El éxito se ha referido a ciertas características particulares, como el dinero, las posesiones, la popularidad, la fama, el reconocimiento, una posición, el poder, la belleza, obtener muchos logros, vivir de manera ajetreada constantemente o hasta un sentimiento o ilusión, lo cual ha hecho que tengamos conclusiones confusas sobre lo que realmente significa. Porque, ¿cuánto dinero se necesita para decir que soy exitoso?, ¿cuánto reconocimiento se requiere para decir que alcancé el éxito?, ¿cuán cansado debo estar de mis ocupaciones para decir que vivo exitosamente?

Demos un vistazo:

- **Riqueza:** generalmente, referimos éxito con poseer riqueza. Éxito no es sinónimo de posesión de dinero. Si lo fuera, quienes lo tienen serían las personas más felices del mundo y no necesariamente lo son y, al contrario, quienes poseen poco serían las más miserables, lo cual tampoco es particularmente cierto. Quien ama las riquezas nunca tiene suficiente; quien ama el dinero se vuelve esclavo de él. Lo que sí debemos pretender es un mejor nivel de vida y pedirle a Dios la capacidad de disfrutar lo que tenemos, aprovechar las oportunidades al máximo, administrar eficientemente, ahorrar, invertir, apreciar, cuidar y compartir el fruto de nuestro trabajo con generosidad.

- **Posesiones:** las posesiones son temporales. Si un día pensó que poseer «x» cosa lo convertiría en una persona exitosa, le tengo una noticia: cuando la tenga, va a desear una más grande o más valiosa o de mejor calidad. Porque el deseo, cuando se satisface, pierde su encanto. El éxito no se alcanza ni se mide por lo que se posee. Se alcanza cuando soy agradecido por lo que tengo, cuando lo valoro y lo aprecio.

- **Popularidad y fama:** las personas creen que los grandes actores, las grandes cantantes, la porrista que todos siguen o el chico más «cool» de la escuela ya lo alcanzaron todo. Pues no. La popularidad y la fama lo único que hacen es añadir presión a una vida ya de por sí compleja. Además, el «amor» de las multitudes un día ensalza y al otro, nos hace caer; todo depende de si cometimos un error o de que aparezca otro a quien «amar». Ello sin olvidar que las personas que gozan de ese privilegio suelen estar solas, pues cuesta mucho encontrar amigos verdaderos en esa posición, o bien, la gente se acerca con segundas (y no honorables) intenciones.

- **Reconocimiento:** está más que bien que los demás reconozcan nuestros logros, pero estos y el reconocimiento que viene de ellos no son para «nosotros»: son solo algo que hacemos, no lo que somos. Una persona es más que sus logros.

- **Posición:** el líder de la comunidad, el líder espiritual, el presidente de un país o, incluso, el presidente de la clase o el jefe suelen estar en ese lugar por méritos propios; pero al igual que el reconocimiento, eso solo es algo externo, algo que se pone por obra y otros ven, pero no es la esencia de nadie y, por lo tanto, si bien es una grandiosa oportunidad para disfrutar, no es un elemento que llene a alguien.

- **Poder:** el poder, al igual que el dinero, no es una fuente de seguridad para garantizar el éxito ni la felicidad. Lord Acton dijo: «El poder tiende a corromper; el poder absoluto corrompe absolutamente». Y Abraham Lincoln señaló: «Casi toda persona puede resistir la adversidad, pero si quieren probar el carácter de una persona, denle poder». La posición y el poder son instrumentos para servir a los demás.

- **Belleza:** puede ser que las modelos de las portadas, de las revistas más reconocidas del mundo sean la guía de muchas jovencitas para saber qué es belleza y qué no. Pero lo cierto es que fundamentar el éxito en algo tan efímero como la belleza física es como comer un algodón de azúcar: abrimos la boca para dar un gran mordisco, pero apenas lo hacemos, este se deshace antes de que nos demos cuenta. Claro, sin dejar de mencionar que los cánones de belleza son totalmente subjetivos y que la principal belleza es la interior. ¡Preocupémonos por esa antes que por cualquier otra!

- **Logros:** el simple hecho de alcanzar metas no garantiza el éxito ni la satisfacción. Hay quienes fijan toda su esperanza de realización en alcanzar una meta y, cuando llegan, experimentan un profundo vacío porque olvidaron que, en el camino al éxito, al llegar a una meta, se inicia un nuevo desafío. El éxito no es una lista de metas que se van tachando. No es llegar a un destino. El éxito es un estilo de vida, un viaje, una carrera que se vive paso a paso.

- **Ajetreo constante:** éxito no es hacer muchas cosas, es llegar al final del camino al lado de las personas que hemos tenido el privilegio de amar, a las que les hemos servido con sinceridad, a las que hemos honrado y respetado, con las que podemos celebrar el fruto de nuestro trabajo. Es correr cuando se pueda, es caminar si ya no puedo correr, es usar el bastón si ya no puedo caminar; es mantener intacta mi capacidad de soñar, siendo fiel a los principios de la lealtad, la honestidad, la sinceridad, el amor y la bondad. Éxito es hacer grande a quienes están a nuestro lado, a nuestra familia.

- **Un sentir:** solemos pensar que si nos parecemos a las personas que admiramos, alcanzaremos el éxito, porque lo referimos a un sentimiento especial. El éxito no es un sentimiento, es el resultado de la perseverancia, de sobreponerse a los momentos difíciles; es carácter más que imagen, es aceptarme tal cual soy, es valorarme como persona, es reconocer mis fortalezas y mis limitaciones. Éxito no es una sensación de felicidad constante, porque las emociones son inestables y porque las circunstancias no siempre son positivas. Si buscamos la sensación de felicidad constantemente, nos sentiremos fracasados muchas veces.

La actitud

Si usted tiene talento, inteligencia, educación, conocimiento, oportunides y una firme ética de trabajo, pero le falta la actitud correcta, nunca disfrutará del viaje al éxito. Las decisiones que ha tomado han sido el resultado de su actitud. Su actitud determina sus acciones y sus acciones determinan sus logros.

La persona que usted es y el lugar que ocupa hoy son el resultado de su actitud frente a las circunstancias. Mientras mejor sea su actitud, más lejos llegará. Su actitud establece la diferencia entre el éxito y el fracaso.

La mayoría de las personas con malas actitudes normalmente señalan circunstancias externas para explicar su problema. Pero usted no puede culpar a nada ni a nadie por su actitud, esa responsabilidad es solo suya. Una buena actitud le permite creer en usted mismo y ver la vida con esperanza.

Su actitud no está basada en:

- Las circunstancias: quizá no pueda controlar lo que le ocurre, pero usted es completamente responsable por la reacción ante lo que le ocurre. Tal vez no pueda cambiar las demás cosas, pero definitivamente puede hacer que su actitud sea más positiva.

- Las limitaciones: todos enfrentamos limitaciones de alguna especie: falta de talento, limitaciones de dinero, pocas oportunidades, apariencia, etc. Pero usted y yo necesitamos aprender a vivir con ellas. Las limitaciones no son obstáculos, son oportunidades de superación. Son señales que dirigen su viaje al éxito. Una buena actitud le permite ver oportunidades constantemente, le permite ver soluciones en vez de problemas, ser optimista en lugar de pesimista; le ayuda a ser responsable en lugar de irresponsable, le ayuda a ser persistente, tenaz, innovador y una persona con iniciativa; además, le permite aprovechar mejor el tiempo. La diferencia no está en lo que usted tiene, sino en lo que hace con lo que tiene, y esto depende totalmente de su actitud.

- La crianza: el pasado ya se fue y está fuera de su control. Usted es responsable de no dejar que lo controle en el presente. Lo que usted hace hoy determina quién será mañana. Uno de los descubrimientos más grandes que puede hacer es que puede cambiar. No importa dónde estaba ayer o cuán negativas hayan sido sus actitudes en el pasado, puede ser más positivo hoy. Si espera lo peor, eso recibirá. Si espera lo mejor, aun cuando tropiece con circunstancias negativas, puede hacer lo mejor de ello y seguir adelante.

- Las otras personas: nadie sino usted es responsable de las decisiones que toma. Una buena actitud le permite trabajar con otras personas aunque sean muy diferentes a usted y le permite darse a otros con libertad.

¿Pero qué puedo hacer para mantener la actitud en óptimas condiciones?, se preguntará usted. Espero que estos consejos le ayuden:

- Tome acción para cambiar su actitud: si espera hasta tener ganas para tratar de cambiar de actitud, nunca lo hará. Usted tiene que actuar para producir el cambio.

- Mantenga un buen sentido del humor: ría con las personas, ría con lo que ocurre y celebre en grande.

- Valore su presente: cuando usted presta atención a lo que está ocurriendo en el momento y trata de tener una actitud positiva al respecto, se da la oportunidad de vivirlo intensamente, aprovecha las oportunidades al máximo y se abre a todas las posibilidades que contiene el presente.

- Pida responsabilidades, no derechos: el buscar solo sus derechos lo puede convertir en una persona resentida, rencorosa, irritable y amargada. Cuando procura ser responsable, incrementa su potencial, mejora su rendimiento, perdona con facilidad y aumenta su creatividad.

- Asóciese con gente positiva: el pasar tiempo con gente positiva le ayuda a ver las cosas desde una mejor perspectiva. Henry Ford decía: «Mi mejor amigo es el que me hace mostrar lo mejor de mí».

EL POTENCIAL

Henry Ford expresó: «No hay hombre viviente que no pueda hacer más de lo que piensa que puede».

Tenemos un potencial poco desarrollado, y muy pocos son los que procuran alcanzarlo. ¿Por qué? Porque no creemos en nosotros, porque nos menospreciamos, porque tratamos de imitar, porque dejamos que quienes nos rodean decidan nuestra agenda en la vida. Como resultado, poco nos dedicamos realmente a descubrirnos como personas y a desarrollar un objetivo propio en la vida.

Para desarrollar nuestro potencial no podemos hacer muchas cosas, debemos enfocarnos. Algunos principios que lo pondrán en el camino para cultivar y maximizar su potencial son los siguientes:

- Concéntrese en una meta principal: nadie ha desarrollado su potencial dividiéndose en múltiples direcciones distintas. Alcanzar su potencial requiere enfoque. Al enfocarnos, concentramos nuestro esfuerzo, ingenio y creatividad, obtenemos mayor realización mientras avanzamos significativamente y evitamos el sufrimiento de la confusión y el andar a la deriva. La mayoría de nuestro enfoque proviene de nuestros sueños, de aquello que anhelamos y planeamos, eso que le pedimos a Dios que podamos hacer antes de morir.

- Concéntrese en un mejoramiento continuo: mejorar es conocerse mejor, desarrollar nuestras habilidades y destrezas, diseñar una mejor forma de hacerlo, innovar un proceso, aprender de los demás. Debemos recordar que excelencia es mejoramiento continuo.

- Suelte el pasado: suelte lo que ha quedado atrás, lo que ya no es y no existe. El pasado solo debe ser fuente de enseñanza e inspiración. Olvídese de las heridas y levántese como el ave fénix. No idealice la juventud, ame quien es hoy. No añore lo que un día tuvo, aprecie lo que tiene. No viva del amor que un día le otorgaron, ame a quien lo rodea. El presente es lo único que tenemos y debe ser aprovechado al máximo. Valore el presente y concéntrese en el futuro. El futuro es para ser anticipado y anhelado. Quien no sueña con un mejor mañana comienza a morir.

- Siembre semillas que beneficien a otros: al caminar por la vida en la búsqueda de quién soy y en la realización de mis proyectos, voy dejando una marca en quienes me rodean. Es lo que hago por los demás lo que determina mi verdadera herencia a la humanidad. Al pasar los años, no será importante el color de mi primer auto ni el nombre del banco donde invertí mis ahorros, serán importantes los recuerdos que dejé en cada miembro de mi familia. Henry Ford sostuvo que «la mayoría piensa del éxito en función de recibir. El éxito, sin embargo, comienza con dar». Douglas M. Larson añadió: «Existimos temporalmente a través de lo que recibimos, pero vivimos eternamente a través de lo que damos». Las personas verdaderamente exitosas levantan a los demás, no se sienten amenazadas cuando otros tienen más éxito y es lo que las hace avanzar a un nivel más elevado.

EL SUEÑO

Si no sabe a dónde se dirige, ¿cómo sabe si está avanzando o si ya llegó? Yogi Berra reflexionó: «Si no sabe hacia dónde va, podría llegar a otro lugar».

No puede cumplir su propósito ni cultivar su potencial si no sabe en qué dirección ir. Todos necesitamos apuntar en alguna dirección. Usted necesita identificar su destino y dirigirse hacia él. En otras palabras, necesita descubrir cuál es su sueño.

Un sueño es solo un sueño, algo que está fuera de la realidad, pero inspira, desafía, determina el camino y es la base para definir nuestro proyecto de vida. Es como una brújula que nos dice en qué dirección debemos viajar y nos muestra el camino por seguir.

Henry Ford aseguró: «Todo el secreto de una vida exitosa es descubrir qué estamos destinados a hacer y, luego, hacerlo». Lo importante de un sueño es que sea su sueño.

Un sueño es relevante porque:

- Aumenta nuestro potencial: cuando el sueño es un auténtico deseo personal, generalmente es la expresión de nuestros dones naturales, los que Dios nos dio para desarrollar. En otras palabras, la misión de un sueño es dar la oportunidad para que usted desarrolle su potencial. Entre más alto es el desafío, mayor exigencia tendrá su potencial.

- Nos ayuda a establecer prioridades: quien tiene un sueño conoce a lo que tiene que renunciar con el fin de avanzar con propósito, sentido y dirección. Puede medir cada cosa que hace según le sirva o contribuya a su sueño. Un sueño pone en perspectiva todo lo que hacemos y pensamos.

- Anticipa nuestro futuro: cuando tenemos un sueño, no somos solo espectadores sentados a la espera de que todo salga bien. Tomamos una parte activa en la formación del propósito y significado de nuestra vida.

- Nos ayuda a atrevernos: lo hacemos a pesar de las circunstancias, obstáculos y problemas. La historia está llena de hombres y de mujeres que enfrentaron la adversidad y, a pesar de ello, alcanzaron el éxito.

El camino

Tenemos un gran camino que recorrer. Aquí le doy algunas paradas en el trecho para que agarre impulso, se anime y lo logre:

- Reconozca su sueño: no tendrá éxito mientras no sepa adónde quiere ir.
- Defina sus metas: una meta es un sueño con una fecha concreta para su realización. Debe ser:

  Personal: pueden inspirarse en los demás, pero las metas deben ser personales. El éxito no se puede imitar, tampoco las metas.

  Específica: tiene que detallar lo que intenta hacer. Si la meta es grande, divídala en procesos más pequeños, manejables.

  Alcanzable: las metas necesitan ser fuente de inspiración, y para esto debemos saber que podemos lograrlas.

  Medible: saber cuánto alcanzamos para saber cuánto nos falta.

- Haga un inventario de sus fortalezas y debilidades: solo así sabrá qué requerirá en el proceso.
- Determine el costo de elegir tal o cual camino: porque cuando usted elige un camino, deja de lado cien más. Y es importante recordar que entre más alta la meta, más alto el precio por pagar. ¿Está dispuesto?
- Elabore su declaración de propósito: es una declaración corta y concreta que expresa lo que desea hacer en su vida. ¿A dónde se dirige? Su declaración de propósito nacerá naturalmente de sus sueños, sus convicciones y sus valores. Cuando la escriba, recuerde que no debe esperar que sea perfecta de primera intención. Redáctela de la mejor forma que pueda y haga planes para hacer cambios a medida que descubra más acerca de usted mismo y perfeccione la visión para su vida.
- Elija quiénes quiere que lo acompañen en su proyecto de vida: ellos podrían aportarle algo que a usted se le escapa y lo apoyarán en el trayecto. Las personas más cercanas a mí determinan mi nivel de éxito o de fracaso. Mientras mejores son ellos, mejor soy yo. Si quiero

alcanzar lo mejor de mi potencial, solo lo puedo hacer con la ayuda de otras personas. Tenemos que ayudarnos unos a otros. Asegúrese de que sean compatibles con usted. Y no olvide involucrar a su familia, porque ellos componen su principal fuente de inspiración.

- Entre en acción: soñar es fácil, pero actuar es de valientes y de personas decididas.

- No tenga temor a equivocarse: solo los que lo intentan se equivocan. No tema hacer ajustes en el camino, porque siempre hay que hacer modificaciones.

- Use el fracaso como un trampolín: hay personas que le tienen tanto miedo al fracaso que pasan toda la vida evitando riesgos y decisiones que pudieran llevarlos a él. No comprenden que el éxito está basado en su capacidad de fracasar y seguir tratando, de caer y volverse a levantar. Conrad Milton sostuvo: «La gente de éxito sigue en movimiento. Se equivocan, pero no se dan por vencidos».

- Sea excelente en lo que hace: para lograrlo siga las siguientes recomendaciones:

    Practique la disciplina personal: la disciplina diaria separa lo excelente de lo mediocre, desarrolla su potencial y le permite aprovechar las oportunidades.

    Busque un mejoramiento continuo: Pat Riley expresó: «La excelencia es el resultado gradual de luchar por lo mejor».

    Mantenga estándares elevados: eso lo mantendrá enfocado en seguir adelante.

    Sea perseverante: Nunca se dé por vencido cuando sabe que está en lo correcto. Sea valiente y no desmaye cuando las probabilidades son poco prometedoras. No deje que nadie lo intimide o lo desvíe de sus metas personales. No se desanime por las

limitaciones económicas o físicas. Renueve su fe
y confianza en Dios.

Deseche las excusas: la persona sin éxito siempre
puede encontrar razones para explicar por qué
no le está yendo bien, pero la gente exitosa no
busca excusas, aun cuando pudieran justificarse.
Sin importar las circunstancias, hacen lo mejor y
siguen adelante.

Preste atención a los detalles: se necesita una gran
cantidad de cosas pequeñas para llegar al cien
por ciento.

- Aproveche las oportunidades: muchas personas son capaces de ver las oportunidades cuando ya han pasado,
pero verlas venir es un asunto muy distinto. Las mejores personas no se sientan en un sillón y esperan que
las oportunidades lleguen; en su lugar, asumen la responsabilidad de salir a su encuentro. Corren con buen
ánimo procurando alcanzar aquello para lo cual han
nacido. Así lo expresó Pablo en Filipenses 3:12-14: «No
es que ya lo haya conseguido todo, o que ya sea perfecto.
Sin embargo, sigo adelante esperando alcanzar aquello
para lo cual Cristo Jesús me alcanzó a mí. Hermanos,
no pienso que yo mismo lo haya logrado ya. Más bien,
una cosa hago: olvidando lo que queda atrás y esforzándome por alcanzar lo que está delante, sigo avanzando
hacia la meta para ganar el premio que Dios ofrece mediante su llamamiento celestial en Cristo Jesús».

- Celebre en grande cada uno de sus éxitos, independientemente de los resultados: porque el verdadero éxito es
haber dado lo mejor de nosotros mismos. Disfrute bre-
vemente su éxito y siga avanzando hacia el nuevo reto.

Capítulo 13

BAJE EL RITMO, VUELVA A CASA
Y DISFRUTE A SU FAMILIA

Yo mismo iré contigo y te daré descanso —respondió el Señor.
—ÉXODO 33:14

¿SE IDENTIFICA USTED con alguna de las siguientes expresiones?

- «El día debería tener más de 24 horas, porque nunca me alcanza para todo lo que tengo que hacer».
- «El tiempo se me va volando y eso me angustia».
- «Salgo de la oficina tardísimo y no terminé con los pendientes».
- «Me reclaman porque no respondo mis correos, pero no tengo tiempo para revisarlos».
- «Casi siempre almuerzo en el escritorio».
- «Hago y hago cosas en la casa y nunca termino ni está como quiero».
- «Corro y corro con mis hijos y siento que acaba el día y no he hecho nada que valga la pena».
- «Mis hijos tuvieron vacaciones, pero yo no pude encontrar tiempo para compartir con ellos».
- «No tenemos oportunidad de comer juntos como familia. Ni una sola vez al día logramos coincidir».
- «Cuando llega el lunes, siento que el fin de semana no me alcanzó para reponerme».
- «Siempre me encuentro con sueño».
- «Todo se necesita para ayer, es urgente, y no tengo tiempo ni para descansar bien».

- «Tengo suficiente dinero, pero algo me falta...».
- «Tengo todas mis necesidades cubiertas, pero mi vida no es plena, no me llena...».

Si es así: ¡alerta! La vida familiar y laboral está saturada de ocupaciones, corremos de un lado hacia otro, llevando a los hijos a la escuela, a las clases de fútbol, a las lecciones de guitarra, atendiendo reuniones y corremos con las asignaciones. Muchas veces hacemos las cosas porque nos dejamos presionar y no sabemos decir que no. Lo cierto es que no es fácil tener una vida equilibrada cuando todo camina tan rápido. Por eso debemos aprender a organizarnos, pero más importante aún, a encontrarle el sentido a la vida, a la vida que estamos llevando.

El Dr. Patch Adams señaló: «El "pero" del cáncer es estar vivo y no disfrutar, no sentir gratitud, no amar, no vivir. No es morir físicamente lo que constituye un gran problema, sino morir en vida. En mi opinión, la muerte en vida es lo que la mayoría de las personas adultas está viviendo. Ese es el motivo por el cual mucha gente a quien se le ha diagnosticado cáncer se siente agradecida, porque son despertadas a la vida. El cáncer es tan extraño que llega a tornarse una bendición, pues hace nacer el amor por la vida. La gente comienza a apreciar las cosas simples y maravillosas de la vida, como las flores o un vaso de limonada. Pienso que el gran pánico de tener cáncer reside en que no estemos viviendo. Queremos vivir un poquito más y, así, poder experimentar la vida que hemos estado esperando para el futuro, cuando en realidad, todos podemos vivirla hoy».

Tenía un amigo que siempre decía: «No tengo tiempo ni para enfermarme». A sus 32 años, tuvo una enfermedad terminal que lo devastó en cinco años. De repente, se encontró en una cama, viviendo al mínimo, y fue entonces cuando hizo su reflexión de vida: «No vi a mi hijo crecer y me doy cuenta de que invertí mi tiempo en lo que no tiene provecho». Le tengo una noticia: la vida es corta y debemos vivirla con intensidad y con sentido de propósito.

Un compañero siempre corría en los aeropuertos y, un día, le pregunté: «¿Por qué corremos si vamos con suficiente tiempo?». Él respondió: «No sé, pero corramos». Luego que dejé de viajar con él, yo hacía lo mismo porque así lo había aprendido, hasta que en una ocasión decidí que bajaría el ritmo para ser más consciente de todo. La vida es bella y fue diseñada por Dios para ser disfrutada. Glorimar me escribió: «Nosotros decidimos hacer ajustes y puedo dedicarle cinco años "full" a mis hijas y es maravilloso. Sé que es más fácil vivir con dos sueldos, pero ahí es donde entra la toma de decisiones. Entiendo que en algún momento tendré que volver a trabajar nuevamente para poder ahorrar para los estudios de mis hijas, pero sentiré un gran alivio de haber podido estar con ellas durante ese tiempo».

Y Carlos, quien ejerce la medicina, compartió: «A nosotros nos costó mucho tener a nuestro hijo. Cuando él nació, yo trabajaba en un hospital y en lo privado. Los sábados, mi hijo no quería nada conmigo porque no me conocía, entonces resolví tener solo un trabajo, y de esa decisión no me arrepiento. Tenemos un excelente hijo».

Decisiones. ¿Qué es lo más importante en nuestras vidas? ¿Qué recuerdos queremos que vengan a nuestra mente cuando pasen los años? ¿Qué esperamos haber alcanzado en veinte años?

Para construir grandes historias, se requieren decisiones valientes.

MITOS SOBRE
ANDAR APRESURADOS

- Pensamos que somos mejores si hacemos mucho, pues estar muy ocupados es sinónimo de éxito, cuando el verdadero camino al éxito es la vía del autoconocimiento.

- Creemos que somos útiles solo cuando estamos haciendo algo o pensamos que si no estamos haciendo algo, estamos perdiendo el tiempo. Olvidamos que la quietud renueva nuestras fuerzas y aclara la mente.

- Creemos que tendremos más tiempo para otras cosas en el futuro, que luego bajaremos el ritmo y que un día descansaremos como se debe.

- Pensamos que al incorporar los avances tecnológicos al desarrollo social tendríamos más tiempo para disfrutar y que la vida sería más placentera. Ya no se necesita una recepcionista para responder el teléfono, lo hace una computadora; ya no digitamos en una máquina de escribir, lo hacemos en una computadora; ya no vamos al banco a pagar los recibos, se pagan automáticamente. Pero el efecto es a la inversa, en lugar de tener más tiempo para descansar, leer y pasar en familia, estamos más acelerados y disfrutamos menos. El problema es que no tenemos tiempo libre, hoy estamos más ocupados y compramos productos que nos produzcan más energía porque tenemos mucho que hacer.

- Creemos que por hacer y tener más, tenemos más calidad de vida, pero no. Tenemos más posesiones, pero tenemos menos tiempo para disfrutar lo que poseemos. Hacemos más, pero disfrutamos menos porque siempre estamos corriendo. Hoy, todo es más expedito, pero somos pobres en relaciones y menos tolerantes con los demás porque el nivel de estrés es alto.

- Pensamos que por tener una sociedad con niveles macroeconómicos muy por encima de lo que se tenía en décadas pasadas, hemos avanzado, pero la verdad es que hemos retrocedido en lo esencial.

ESTAR OCUPADO
VERSUS ESTAR APRESURADO

Estar ocupado es diferente a estar apresurado. Estar ocupado es hacer lo que debemos hacer para producir los resultados esperados. Vivir ocupados nos hace productivos y nos da un sentido de ser útiles y valiosos. Es la manifestación de un corazón que sabe lo que tiene que hacer y lo hace. Muchas investigaciones han demostrado que la productividad no está ligada a la prisa; es producto de otros elementos como la excelencia, el cuidar los detalles, la planificación anticipada y el mantenerse enfocado.

Pero estar apresurados es una condición interna, un estado mental y emocional, una actitud frente a la vida. Es la manifestación de un corazón al que le falta quietud, paz, control y orden.

Vivir apresurados solo se refiere a una agenda muy llena, loca y desordenada. Vivir una vida acelerada es atractivo y nos sentimos atraídos a experimentar ese estilo de vida porque se ha confundido con ser importante y exitoso. Además, produce la adrenalina necesaria para tener cierta sensación de satisfacción, como una droga que provoca sensaciones agradables; y la vida pierde sentido si no se vive de esa manera. Pero como con la droga, son sensaciones momentáneas, y lo cierto es que el sentido de la vida se obtiene de otra forma.

El efecto más nocivo de vivir aceleradamente es que no permite a la persona encontrarse con ella misma, no es consciente de su soledad interior ni le ayuda a enfrentar sus miedos, y a esto se añade que no le permite disfrutar a su familia ni a sus amigos. No hay tiempo para vernos de cerca y para encontrarnos con las personas. Lo cierto es que bien podría ser una ruta de escape para no relacionarnos ni con nosotros mismos ni con los demás. Mientras tengamos ocupaciones, eventos, reuniones y cosas que hacer, no hará falta ningún elemento «humano» ni emocional profundo. Y eso nos incluye a nosotros mismos, al cónyuge, a los hijos y a todos los que están cerca.

Estar apresurado amenaza la posibilidad de conectarnos con nosotros mismos y con quienes nos rodean. Estar apresurado roba la posibilidad de tener una mejor calidad de vida. Lo cierto es que nada debería amenazar nuestra salud interior, ni las relaciones vitales, ni las posibilidades de amar. La vida se puede disfrutar más sin andar de prisa.

CONSECUENCIAS DE
UNA VIDA APRESURADA

Hoy todo se hace más fácil, pero tenemos menos tiempo. Todo es más acelerado, pero disfrutamos menos. Entonces surge la pregunta: ¿necesitamos avanzar más rápido?

Vivimos con la meta de acelerar todo, lo cual se ha convertido en una lucha por hacer más en el menos tiempo posible; pero ¿qué queremos lograr? ¿Estamos mejorando nuestra calidad de vida? ¿Estamos pasando más tiempo con nuestros seres queridos? ¿Estamos construyendo recuerdos significativos? ¿Invertimos tiempo en comer más saludablemente? ¿Hacemos más ejercicio? ¿Contemplamos más lo que nos rodea? ¿Llevamos realmente una vida con sentido?

Nuestro mayor enemigo es vivir apurados, lo que ha producido estrés, angustia, impaciencia, mal humor, enfermedades del corazón o presión alta, mala alimentación (ahora tenemos comida rápida, pero no es saludable, y compramos comida que se pueda comer en el auto, cuando antes lo hacíamos en casa y después, hasta en el restaurante), cansancio, tensión en las relaciones y un largo etcétera.

Puede que hoy estemos tan ocupados que no tengamos ni tiempo para abrazar, besar, comer bien, ejercitarnos, descansar o reflexionar. Pero no seremos recompensados porque estuvimos muy ocupados, seremos premiados porque fuimos más productivos y eficientes. Pero sobre todo, al final de la carrera, nuestro capital serán los recuerdos que construimos con las personas que amamos. De hecho, el mayor daño es que, sin darnos cuenta, metemos a nuestros hijos en este viaje sin sentido. No toleramos que ellos puedan tener tiempos de quietud para leer, hacer campamentos, tomar clases para crecer como personas. Decimos: «No pierdas el tiempo, ponte a hacer algo útil» o «No estés de vago». Esa actitud frente a la vida amplía el círculo de las víctimas, alcanzando a niños y jóvenes.

RECOMENDACIONES

Bajar la velocidad no es fácil, porque nos gusta ir por el carril de alta velocidad. Bajar el ritmo no ocurre espontáneamente. Tenemos que estar persuadidos, elaborar un plan y pedir a otros que nos ayuden a lograrlo. No pasará nada si no lo intentamos. Tomemos acción para vivir con mayor calidad de vida. No existe calidad en la prisa y la alta velocidad. Vivir de prisa solo produce cansancio; pero bajar el ritmo nos permite encontrarnos, encontrar a los nuestros y encontrar plenitud.

Ana me dijo al final de un taller: «Ofrecer un futuro cómodo es genial, pero regalar tiempo de calidad a nuestros hijos es simplemente maravilloso».

Quizá estos consejos nos ayuden:

- Tomemos tiempo para estar en silencio y encontrarnos con nosotros mismos, nuestros sueños, ilusiones y recuerdos.

- Meditemos sobre la vida, detengámonos para apreciar lo que nos rodea, no perdamos la capacidad de asombro; ello añade significado y genera conciencia de que existimos.

- Reflexionemos sobre nuestro estilo de vida, tomemos conciencia de que vivir muy ocupados lo único que hace es distraernos de lo importante, como autodescubrirnos y disfrutar de la familia, y construir recuerdos juntos. Nuestro valor no lo determina lo que hacemos, lo impone lo que somos. Cuanto más leales somos a nuestro diseño original, más realización personal tenemos, aumentamos nuestra productividad, el estado de ánimo se fortalece y es más fácil socializar con la familia y amigos.

- Tomemos tiempo para alimentarnos bien y comer despacio: mastiquemos veinte veces cada bocado; y por lo menos, una vez al día, comamos en familia.

- Hagamos ejercicio, preferiblemente a la mañana: salir a caminar o a correr; si nos es difícil arrancar, busquemos un compañero o salgamos con la mascota de la casa.

- Tomemos tiempo para leer un libro y disfrutar subrayando, reflexionando, cautivándonos, compartiéndolo. También para escuchar música. También para descansar y dormir unas ocho horas diarias, lo que renueva las fuerzas, tranquiliza el espíritu y produce salud.

- Encontremos pasatiempos que nos relajen y alegren el día.

- Planifiquemos, pero no midamos tanto el tiempo.

- Programemos las actividades de tal forma que tengamos tiempo entre ellas para tomar un té, un buen café, o bien, simplemente renovar las fuerzas.

- Si vamos en auto, programemos llegar media hora antes, intentemos ir por el carril de tránsito lento, toquemos la bocina solo lo necesario, seamos gentiles y demos campo; no nos enojemos cuando los otros conductores se equivocan.

- Desconectémonos de vez en cuando: el celular, la computadora, etc.

- No hagamos las cosas solo porque «tenemos» que hacerlas. No veamos todo como una obligación: eso nos pone de mal humor o nos deprime: disfrutemos las cosas que hacemos, así sea tener que preparar el almuerzo todos los días o la tarea que creemos es la más fastidiosa de la oficina.

- Abarquemos solo lo que podemos abarcar.

- Deleguemos lo que no podemos asumir, pero de verdad: confiando, sin andar detrás de nadie y sin rehacer las cosas.

- Si no estamos disfrutando lo que hacemos, es hora de un cambio.

- Detengámonos, bajemos el ritmo, la velocidad, no corramos, lleguemos al final de la carrera al lado de las personas que hemos tenido el privilegio de amar, nuestra familia, nuestros amigos.

- Tomemos tiempo para abrazar, besar, decir un «te quiero».

- Tomemos tiempo para compartir con la familia y los amigos; para salir y tomar vacaciones.

- Saludemos a los demás, hagamos amigos.

- No nos comparemos con nadie ni con el estilo de vida de los demás.

- Enseñemos a nuestros hijos a tener quietud, a contemplar, a meditar, a reflexionar. Permitámonos disfrutar un diálogo interesante, una conversación profunda.

- Hagamos cambios paulatinos, empezando por una sola cosa por día. Tomemos decisiones.
- Digamos adiós a la culpa.

ESE TIEMPO A SOLAS

El apuro produce enfermedades, la tranquilidad las sana. El tomar tiempo para estar en lugares tranquilos, para reflexionar y para hablar con Dios y con nosotros mismos aquieta el espíritu. Tomemos tiempo para estar a solas, ordenar las ideas, dar gracias por lo vivido y soñar con un mejor mañana. No adelantemos el tiempo, concentrémonos en vivir el presente en plenitud. Olvídese del reloj.

Cuando estamos en esos tiempos especiales de soledad no hay que llevar nada, solo una buena disposición para encontrarnos con nosotros mismos, con nuestros pensamientos, recuerdos, sueños y con Dios. Hay que evitar las distracciones que ofrece este mundo moderno. Es apartarse de todo: teléfonos, computadoras, televisores, radio.

Esos tiempos de soledad requieren perseverancia, pero, sobre todo, determinación, porque es una forma de reparar nuestros sentimientos, examinar nuestros deseos, botar la basura emocional y recargar las baterías. Es un momento para revisar nuestros esquemas mentales, nuestras conductas, y una forma de aligerar el equipaje, permitiéndole a Dios ser el centro de nuestra vida, el refugio de nuestro corazón.

«La paz les dejo; mi paz les doy. Yo no se la doy a ustedes como la da el mundo. No se angustien ni se acobarden».

—JUAN 14:27

Es este tipo de paz el que produce quietud, un espíritu reposado y una conciencia tranquila. Esta paz no la otorga el corre corre de la vida:

«Yo les he dicho estas cosas para que en mí hallen paz. En este mundo afrontarán aflicciones, pero ¡anímense! Yo he vencido al mundo».

—JUAN 16:33

Esta paz que buscamos solo la otorga encontrarnos con Dios por medio de nuestro Señor Jesucristo. La alcanzamos cuando le entregamos nuestra vida, le confesamos nuestras faltas, nos arrepentimos de nuestras culpas y lo recibimos como nuestro salvador personal.

> «Porque tanto amó Dios al mundo, que dio a su Hijo unigénito, para que todo el que cree en él no se pierda, sino que tenga vida eterna».
>
> —JUAN 3:16

Y vea lo que dijo el salmista:

> «En paz me acuesto y me duermo, porque sólo tú, Señor, me haces vivir confiado».
>
> —SALMO 4:8

La Biblia nos invita a vivir estos momentos de intimidad, y nuestro Señor Jesucristo nos mostró el camino porque él disfrutaba la intimidad con el Padre, la soledad, la quietud, ese lugar donde las fuerzas son renovadas y se aclara el camino: «Después de despedir a la gente, subió a la montaña para orar a solas. Al anochecer, estaba allí él solo» (Mateo 14:23), y lea conmigo Lucas 6:12: «Por aquel tiempo se fue Jesús a la montaña a orar, y pasó toda la noche en oración a Dios».

Para Jesús era normal estar en esos lugares solitarios para meditar, crecer y encontrarse con su Padre.

> «Cuando Jesús recibió la noticia, se retiró él solo en una barca a un lugar solitario (…)».
>
> —MATEO 14:13

No nos dejemos arrastrar por una agenda muy ocupada. De vez en cuando, cerremos la puerta solo para estar con nuestro yo interno y con Dios. Esto tranquiliza el espíritu y da paz, lo que nos potencia para todo lo demás.

Cuando aprendemos a estar con Dios en lo íntimo y con nosotros mismos se nos facilita el camino, nos volvemos más tolerantes (de hecho, son esos momentos los que nos acercan a la familia, porque es valorada por lo que es y obviamos las exigencias diarias de las tareas rutinarias) y tomamos conciencia de lo que antes no era relevante.

No le tengamos miedo a estar solos, nada más disfrutemos el diálogo interno, hagámoslo interesante; simplemente, deleitémonos.

No nos asustemos si nos es difícil concentrarnos o mantener un hilo conductor mientras estamos a solas con nosotros mismos y con Dios. Vamos a divagar en pensamientos que van y vienen, pero conforme crecemos en esta disciplina, más disfrutaremos estar en esa quietud que otorga la soledad que aumenta las fuerzas.

Testimonio de vida

No es fácil alcanzar la armonía de la que estamos hablando, por lo que le comparto este testimonio de vida que nos permite descubrir que sí se puede. Gina escribió:

«Yo viví por años y años así, en un continuo correr de aquí para allá. Tenía un puesto bueno, había escalado posiciones rápidamente, estaba en la empresa más importante en el ramo profesional en el que me desenvuelvo, tenía dos carreras complementarias, ganaba muy bien, vivía holgadamente, pero no estaba llena... No tenía tiempo para sentarme. Cuando escuchaba algo bonito, me llenaba, pero era como un globo de inflar con un agujero: poco a poco iba perdiendo aire... Frente al mundo y según mis criterios era una mujer exitosa, pero los requerimientos para mantener ese nivel me aislaban de la familia, lo más importante para mí. Empecé una búsqueda intensa de eso que me faltaba. Comencé a analizar mi vida. Trabajaba siempre más de diez horas, tenía libre un fin de semana cada quince días. Es decir, tenía solo cuatro días libres en el mes. Hubo un momento en que trabajé veintiocho días si descansar porque alguien andaba de vacaciones y no lo sustituían. Algunos fines de semana, dependiendo de las actividades que había, tenía que estar en la empresa hasta el cierre, a las once de la noche. Cuando, finalmente, me tocaban los dos días libres y mi esposo sugería salir a algún lado, yo solo quería dormir. Vivía sin ganas de hacer nada, no tenía energías ni para ir a una fiesta; en el cine me dormía y que no se me ocurriera ir a un concierto de música clásica, que me encanta, porque perdía el dinero: roncaba apenas me sentaba. ¿A quién estaba enriqueciendo mientras yo me empobrecía? Tuve que dejar de asistir a charlas y seminarios porque estaba trabajando o estaba exhausta. En medio de ese trajín diario, decidí robarle horas al sueño y dedicarme un tiempo a solas para reflexionar. Ese fue el inicio de la transformación. Cada día, muy temprano en la mañana, a las 4:45, leía un hermoso libro y, luego, salía a correr o caminar por una hora y hablaba con Dios y conmigo misma, antes de ir al trabajo. Muy pronto, mis prioridades comenzaron a aclararse. Comencé a darme cuenta de lo poco satisfactoria que era mi vida, a pesar de que frente al mundo tenía otra apariencia. Lo primero que tuve que derrumbar fue mi orgullo, ese enorme ego que me había forjado mientras vivía con los parámetros de esta sociedad de apariencia, que me hacía decir: «Todo lo que he querido lo he logrado porque soy muy capaz...». Empecé a sentir que si seguía en ese ritmo de vida laboral, no iba a poder avanzar como persona y tampoco iba a disfrutar a mi familia. Sentía que la vida se me estaba escapando lentamente. Comencé a pensar en una nueva forma de ganarme la vida, pero no podía tener una nueva forma de vida sin hacer los cambios necesarios. Pasé dos años completos trabajando la idea de cambiar de ritmo, solo quería tener lo necesario para vivir, ¡nada más! Lo primero que hice fue saldar todas mis deudas y no adquirir más. Comencé a planificar mis gastos de acuerdo con las necesidades, a llevar un presupuesto, a determinar cuánto era lo esencial. Y así transcurrió el tiempo mientras yo seguía creciendo en mi nueva concepción de vida. Yo sentía que ya estaba lista para emprender mi nueva vida, pero seguía teniendo miedo, venía mucho a mi mente; no terminaba de hacerlo mío. Me faltaba determinación y confianza en Dios para dar los pasos necesarios. Sentí que tenía que concentrarme todavía más en lo esencial, tenía que hacer más mío el plan. Quizá lo que terminó de darle un vuelco a mis apreciaciones fue el ver a mi hija tomar la decisión de dejarlo todo por ser voluntaria en un programa social. Ella decidió ser misionera y servir a Dios a tiempo completo. Ella estaba realizada y feliz, no se cambiaba por nada del mundo. Yo viví con ella, lado a lado, todo el proceso y me di cuenta cómo depositaba su vida y su confianza plena en Dios. A partir de entonces, las cosas esenciales se comenzaron a aclarar muy rápidamente. Cada vez me sentía más ajena al ambiente de trabajo, me percibía como el enano de otro cuento, me fui desapegando de ese mundo, y empecé a vivir con otras prioridades. Unos meses después, estando en una reunión con el director de la empresa, decidí que había llegado el tiempo de renunciar. Fue una certeza. Quince días después, presenté la renuncia y una paz enorme me inundó. Monté una empresa propia de fotografía y comunicaciones y, al principio, me costó creer que lo podía lograr. Ahora, puedo dar testimonio de varias cosas: mi vida ha cambiado de manera dramática, me siento completamente llena y satisfecha, y estoy viviendo con las cosas necesarias, pero he aprendido a apreciar esto y a sentirme más en control de mi vida. No me ha faltado en absoluto para cubrir ninguna de mis necesidades básicas. He tenido el trabajo que he necesitado y mucho tiempo para disfrutar a mi familia. En esta etapa cumplí mis 50 años y pude, un día de estos, sentarme a almorzar con mi hijo mayor y su hermana, y escucharlos hablar de todo lo bueno que está pasando en sus vidas y en la mía… algo que me hubiera perdido hace un año por estar almorzando en mi escritorio. Tal vez mi vida tuvo un cambio muy radical, que yo lo necesitaba, porque el trabajo que tenía estaba obstaculizando mi realización personal y familiar. Yo le doy gracias a Dios cada día, cuando recién amanece, por haberme guiado hacia esta nueva forma de vida».

Capítulo 14

CUANDO NOS CORRESPONDA PARTIR, ¿CÓMO DESEAMOS SER RECORDADOS?

¡¡¡Feliz cumple, mamita de mi corazón!!! Preciosa en
todas las áreas, llena de dulzura, sabiduría, amor,
ternura, paciencia... Te amo con todo mi corazón. Que
Dios llene cada día de tu vida con alegría, colores,
consejos, fortaleza y sabiduría. ¡¡Te amooooo!!
—YANINA

EL AMOR ES para ser expresado y cuando lo hacemos nos acerca más y mantiene vigente el saber cuánto nos apreciamos. Con el paso de los años, son esas palabras y acciones las que vienen a la memoria y se convierten en el combustible para la vida. Eso nos lleva a una pregunta un tanto existencial a la que no solemos darle mayor importancia por estar concentrados solo en el hoy: ¿cómo deseamos ser recordados cuando hayamos partido? Lo cual nos lleva a una pregunta mayor: ¿qué estamos dejando a quienes amamos y a quienes nos rodean?

Lo que dejamos es la huella de nuestra esencia. Y eso que dejamos puede ser positivo o negativo y va a afectar en lo emocional, en lo espiritual y en lo social a las futuras generaciones.

Queramos o no, estemos conscientes de eso o no, ahora mismo estamos dejando un legado y, cuanto más temprano lo descubramos, más disfrutaremos la vida, porque esta va a adquirir un sentido de trascendencia y nos va a permitir vivir con sentido de propósito y realización.

¿Estamos preparados para el último viaje?

EL LEGADO

Según el *Diccionario de la Real Academia Española*, un legado es "aquello que se deja o transmite a los sucesores, sea cosa material o inmaterial". En la segunda opción, un legado es, pues, la suma de todos los recuerdos que se convierten en el recurso del cual echamos mano para levantar nuestra propia historia. Resulta de un proceso y es tejido por un conjunto de eventos, acciones, palabras y personas.

Lo que vivamos en la familia tendrá influencia directa sobre el desenlace de todos nosotros. Los recuerdos nutrirán de fuerza, traerán consejo, aclararán la mente, traerán sonrisas y habrá gratitud. O bien, habrá llanto, reclamos y un deseo de no haber vivido lo que vivimos. Tenemos que decidir qué legado deseamos dejar a nuestros hijos. ¿Tristeza, pesadumbre, enojo e incertidumbre? ¿O... alegría, seguridad y paz? Todo depende de lo que pretendamos hacer ahora mismo con nuestra propia vida. Si optamos por esto último, ello requiere un esfuerzo consistente, sacrificio y sentido de misión. No ganamos el derecho de celebrar un legado positivo hasta que hayamos pagado el precio de construir uno. ¿Y cómo se construye? En un ambiente de estabilidad, nutrido de aceptación, afirmación y amor. Un ambiente de amor alimenta la capacidad de lidiar con el fracaso y el dolor, lo cual es indispensable, porque todos experimentaremos tiempos de soledad y de frustración en los que es imprescindible levantarnos ante la adversidad.

Dejar un legado positivo toma mucho tiempo y requiere consistencia, pero deparará un buen fruto en la vida de los hijos al crecer y se extenderá generacionalmente.

Entonces, ¿cuál legado dejaremos?

METAS DE UN LEGADO POSITIVO

1. Ayudar a pasar los aspectos buenos de la herencia

Todos tenemos antecedentes distintos y complejos, en donde hay cosas malas y buenas; sin embargo, todos podemos heredarles a nuestros hijos algo mejor de lo que nosotros mismos hemos vivido.

Preparemos una herencia que llene la mente de nuestros hijos con buenos recuerdos de los tiempos que pasamos juntos. Un legado positivo fuerte es el principal impulso para que la nueva generación tenga la fuerza necesaria para construir su propia historia. Les recordará que los abuelos y los padres lo lograron y cómo lo lograron.

Una de las cosas que más disfrutaba en mi infancia era sentarme con la abuela a escuchar sus historias. Me daba sentido de pertenencia y me conectaba con mis generaciones pasadas. Pero sobre todo, me identificaba más con la familia.

Uno de los grandes desafíos que tenemos es dejar como legado un buen nombre, lo que es más valioso que el dinero y las posesiones.

> «Vale más el buen nombre que el buen perfume».
>
> —ECLESIASTÉS 7:1

2. Ayudar a romper el ciclo de dolor, dejándolo atrás

Para construir recuerdos saludables en la nueva generación, debemos reparar el asiento emocional en nuestras propias vidas. ¿Cómo lo hacemos? Reconociendo el dolor y redirigiéndolo en otra dirección. Hay que dirigir la atención hacia otros aspectos de la herencia que están más fuertes. ¿Cómo? Primero, hay que atacar el problema a través de aceptarnos y perdonar. No tenemos que rendirnos porque creemos que en nuestro legado emocional algo faltó. Sanar las heridas y restaurar recuerdos renueva las fuerzas. Veamos los puntos fuertes y nutrámoslos, hablemos de nuestras virtudes, desarrollemos dones y aprovechemos las oportunidades. Esto compensa los momentos de dolor que vivimos en el pasado. Y segundo, solo Dios puede reparar el daño de un trauma emocional. La mejor forma es reforzando lo que es verdadero, dejando sin efecto las mentiras que nos lastimaron. La verdad es la que nos sana. Cuando la verdad se habla y se cree, los traumas causados por los engaños se rompen y dejan de lastimar. Es entonces cuando podemos decir:

> «Por lo tanto, si alguno está en Cristo, es una nueva creación. ¡Lo viejo ha pasado, ha llegado ya lo nuevo! Todo esto proviene de Dios, quien por medio de Cristo nos reconcilió consigo mismo y nos dio el ministerio de la reconciliación: esto es, que en Cristo, Dios estaba reconciliando al mundo

consigo mismo, no tomándole en cuenta sus pecados y encargándonos a nosotros el mensaje de la reconciliación».

—2 Corintios 5:17-19

Acompáñeme en esta lectura:

«No es que ya lo haya conseguido todo, o que ya sea perfecto. Sin embargo, sigo adelante esperando alcanzar aquello para lo cual Cristo Jesús me alcanzó a mí. Hermanos, no pienso que yo mismo lo haya logrado ya. Más bien, una cosa hago: olvidando lo que queda atrás y esforzándome por alcanzar lo que está delante, sigo avanzando hacia la meta para ganar el premio que Dios ofrece mediante su llamamiento celestial en Cristo Jesús».

—Filipenses 3:12-14

Para esto nacimos, para soltar el pasado y lanzarnos a la conquista de lo que está delante de nosotros. En Jesús, ¡esto es posible! Al tomar la actitud correcta y al hacer prevalecer la verdad, la sanidad vendrá; toma tiempo, pero vendrá. Si lo logramos, nos será más fácil construir buenos recuerdos en los más pequeños. Solo recuerde una cosa: hemos sido llamados a vivir en paz con Dios, con nosotros mismos y con los demás.

3. Soltar lo que no podemos solucionar

Lo que no podemos solucionar y depende de los demás escapa de nuestras manos, de nuestra potestad, y no debe ser un motivo de preocupación. Lo único que podemos hacer es lo que depende de nosotros, lo que está en nuestras posibilidades, pero no podemos angustiarnos o culparnos porque no logramos restablecer una relación lastimada.

Debemos hacer lo que está en nuestro poder, de eso sí somos responsables. Pero las relaciones heridas no necesariamente se restablecerán, porque el amor no se impone, no se manipula y mucho menos se suplica. Sería ir en contra de nuestra dignidad presionar a alguien a que nos perdone algo que no quiere perdonar. Se requiere humildad y valentía para pedir perdón o sugerir restablecer una relación lastimada, pero no podemos imponerla. Tiene que ser valiente para soltarla y vivir con eso.

4. Ayudar a planear la nueva ruta para seguir

Un día partiremos de esta tierra y lo único que dejaremos es lo que hemos grabado en la mente y en las emociones de nuestros niños y jóvenes, quienes lo transmitirán a los que vienen después de ellos.

La meta es transformar vivencias negativas en positivas. Es reconstruir con el fin de dejar una buena herencia en lugar de un mal recuerdo. De hecho, una simple opinión emitida, muchas veces, puede cambiar el rumbo de las cosas, ya que, en gran medida, somos el resultado de lo que otros hablan de nosotros.

Se cuenta de un maestro que tuvo en su clase a dos muchachos llamados Roberto. Uno era un niño feliz y un alumno extraordinario. El otro se pasaba jugando y molestando a todo el mundo. Se dice que durante la primera reunión anual de padres, una de las madres le preguntó al maestro: «¿Cómo le va a mi hijo Roberto?». El maestro creyó que ella era la mamá de Roberto, el muchacho «que se portaba bien, esforzado y responsable», y le contestó: «No se imagina qué bien me cae su hijo y lo contento que estoy de tenerlo en mi clase».

Al día siguiente, el niño «difícil» fue al maestro y le dijo: «Mi mamá me contó lo que usted le dijo anoche de mí. Yo no había tenido nunca un maestro que me quisiera en su clase. Gracias». Pocas semanas después, Roberto, el muchacho «difícil», se había convertido en uno de los mejores alumnos.

La vida de aquel niño cambió por completo porque «equivocadamente» lo habían identificado como un buen alumno. En el fondo, todos deseamos que se equivoquen con nosotros y nos digan lo buenos que somos, que lo podemos lograr y que se sienten orgullosos de nosotros.

UNA CONSTRUCCIÓN SOBRE OTRA

Quien se detiene a apreciar la historia que lo identifica y a las personas que abrieron camino para que él pasara tiene ricos recuerdos que valorar.

Todos tenemos que atesorar el legado dejado por otras personas en nuestras vidas y debemos detenernos para agradecer lo que nos han transmitido como herencia. No estaríamos aquí si ellos no existieran, y el presente adquiere sentido en tanto apreciamos el camino recorrido por nuestros antecesores.

Nuestra vida se levanta sobre la construcción de otros y, ahora, nos toca ver el presente como una oportunidad para hacer lo mismo por la generación que está por venir y facilitar la ruta para que los nuestros alcancen sus propios sueños y sus metas. Nos toca a nosotros apreciar lo que nos han dejado nuestros padres: afecto, educación, ejemplo, una escala de valores y afirmación. Todo aquello que consideramos bueno y es necesario que las nuevas generaciones lo descubran. Pero por otro lado, tenemos un gran desafío: superar lo negativo que nos legaron, con la meta de no pasarlo a la siguiente generación. Esto significa cortar la herencia de dolor que ha pasado de generación a generación. Eso que ha causado dolor, vergüenza y desintegración, sea abandono, maltrato, adicciones o cualquier otro elemento.

Somos los padres los que catapultamos a los hijos, les enseñamos a soñar y les mostramos el camino para proseguir. Ellos se inspiran en lo que hemos logrado, en las historias que les contamos, en los valores que les enseñamos y en el ejemplo que les damos.

No basta solo con imaginar cómo queremos ser recordados al partir, para esto necesitamos elaborar un plan de acción que nos conduzca a la meta propuesta. Nuestros hijos inician a partir de donde nosotros hemos llegado y la meta es dejar un legado digno de ser recordado, que inspire y motive.

En una ocasión, estaba con mi papá y mis hijos. Papá conversaba sobre lo que significó su infancia, la cual estuvo marcada por la muerte de su padre cuando él y sus hermanos estaban pequeños. En este contexto, mi abuela hizo frente a la obligación de sostener a sus ocho hijos. Nos contó que ella tuvo dos trabajos y, aun así, al llegar a los 13 años, papá se dio cuenta de que el dinero no alcanzaba, por lo que decidió salir a trabajar a los puertos. Su vida transcurrió entre adultos y se formó como una persona trabajadora y luchadora.

Su historia transcurría entre anécdotas y relatos repletos de chistes y de enseñanzas valiosas. Mis hijos estaban sobrecogidos por la historia y yo, por primera vez, me identifiqué con el sufrimiento que tuvo que enfrentar. Esto me llevó a comprender muchas cosas que viví en mi infancia y valoré más a mi papá.

El tiempo con papá tenía la intención de que mis hijos pudieran tener conexión con el pasado, porque el presente adquiere sentido cuando somos conscientes del precio que pagaron los que estuvieron antes que nosotros. Papá tuvo una expresión que nos ayudó a comprender el valor del presente y permitió a mis hijos entender cuánto vale el pasado. Él dijo: «Si yo, con tercer grado de la escuela, he hecho lo que he hecho, imagínense lo que ustedes lograrán». Papá tenía razón: las dificultades del pasado, la adversidad, las luchas y los logros son la plataforma sobre la cual construye la nueva generación. Es el esfuerzo de los abuelos lo que nos coloca en un mejor tiempo, con grandes oportunidades y con la capacidad para mejorar lo que ellos alcanzaron.

La vida en el presente se levanta sobre la construcción de nuestros antecesores, tanto vivos como muertos, y todos los días debemos agradecer el trabajo de ellos. Hombres y mujeres valientes que abrieron camino para que nosotros pasemos.

¿CÓMO TRANSMITIMOS EL LEGADO?

Lo hacemos en la cotidianidad. Los padres modelan y refuerzan el legado mediante los momentos rutinarios de la vida y es transferido mediante conversaciones y acciones casuales. Los hijos observan la forma en que sus padres viven y lo ven como algo normal, incorporándolo a su estilo de vida en forma natural.

Tener una vida ocupada es fácil, pero tener una vida consciente y enfocada en lo que hacemos y cómo lo hacemos, sabiendo que otros ojos nos observan para «copiarnos», es determinante y crucial porque es lo que nos permite heredar lo que realmente vale.

Enfocarnos en construir un legado nos conduce a pagar el precio que se requiere. No es fácil, porque se dejan de hacer muchas cosas, pero cuando ponemos esperanza en la misión, lo vivimos con un gran entusiasmo y deja de ser un sacrificio.

Alcanzamos lo que nos ponemos como meta, como prioridad, aquello en lo que invertimos tiempo, trabajo, ingenio y en lo que hemos sido perseverantes. Quien no define sus prioridades llegará a cualquier lugar, pero no alcanzará lo importante. ¿Qué mayor prioridad que dejar un legado positivo que perdure por generaciones?

María Elena me escribió desde Chile: «Felicidades a todos los padres que se esfuerzan por sus hijos. Muchos viajan largos caminos, trabajan a muchas distancias de sus casas, tienen que soportar alturas, frío o calor por varias semanas. Se privan del calor de los que aman. Todo para que a sus hijos y a su esposa nada les falte. A todos esos padres, Dios los bendiga y que sus hijos les retribuyan con amor. Saludo a todos los padres, y, en especial, a los que trabajan en todas las minas del norte y centro de Chile». De verdad se lo digo, el esfuerzo vale la pena.

Por último, sorprendamos a los demás con detalles, palabras de afirmación y con historias que nos hagan recordar el tiempo compartido. Investiguemos todos los aspectos buenos que han identificado a nuestra familia históricamente y, en forma creativa, contémoslo repetitivamente a los más pequeños. Reafirmemos una historia familiar que identifique los valores más importantes.

Celebremos en vida. Las flores que se disfrutan son las que se pueden apreciar. No esperemos hasta el final, porque no sabemos cuándo llegará... y ya entonces ¿para qué?

Vivamos para trascender positivamente, principalmente en nuestra familia. Inspiremos recuerdos y momentos memorables que nos hagan reír de ilusión.

Legado a la comunidad

También tenemos una responsabilidad con la comunidad en la que hemos crecido, la que nos heredaron nuestros antepasados, la que construyeron con gran esfuerzo y dedicación. La que ahora nos brinda estudio, trabajo, oportunidades, esperanzas, estabilidad y una identidad. Nos corresponde contribuir al mejoramiento del país en el que vivimos, debemos pensar en dejar un legado social que permita a las nuevas generaciones vivir en un país mejor. Debemos tener un plan a largo plazo con metas y acciones en el corto y el mediano. Esto implica identificación con el más necesitado, responsabilidad con el resto de la creación, revertir el deterioro ecológico, proteger los recursos naturales. Tenemos el privilegio de construir un proyecto que anticipe el desarrollo de, por lo menos, los próximos cincuenta años. Esto implica eliminar la improvisación y las respuestas circunstanciales para tener un plan con visión de futuro.

ACTUEMOS YA: DEFINA METAS

¿Qué tenemos para levantar un legado? Todo lo que nuestros padres nos transmitieron, las oportunidades que la sociedad nos ofrece y las experiencias acumuladas por los años.

Definamos una meta personal: ¿qué nos gustaría haber alcanzado en los próximos veinte años?, ¿cómo nos gustaría ser recordados al partir?

Definamos las metas que nos gustaría alcanzar para nuestra familia: ¿qué nos gustaría que nuestros hijos hayan alcanzado para ese entonces?, ¿qué nos gustaría que identificara a nuestra familia?

Definamos las metas que desearíamos legar a la sociedad: ¿en qué área puedo aportar según mis fortalezas y habilidades?, ¿qué me gustaría dejar de utilidad para la comunidad?

LA RECOMPENSA

Inevitablemente, al pasar los años, las decisiones, las acciones y el estilo de vida que hemos llevado tienen su fruto. Y si aquellas han sido positivas, el fruto lo será todavía más.

No hay nada más emocionante que escuchar a las personas que con el paso del tiempo recogen el fruto de lo que han sembrado. La mujer valiente que luego de ser abandonada se lanza a trabajar y con mil esfuerzos saca a sus hijos adelante. El hombre que con mil sacrificios trae sustento digno a su casa para que sus hijos estudien. Es en las graduaciones escolares, colegiales y universitarias cuando se observan los rostros de los héroes de verdad, aquellos que han estado en silencio, aplaudiendo y animando, corriendo, buscando profesores en las noches, haciendo trabajos en las madrugadas. Son los que insistieron para que el otro siguiera y, ahora, celebran el título. No pasarán al frente, no llevarán el título bajo el brazo, pero lo obtuvieron sus hijos, sus nietos y sus sobrinos. Y ninguno disfruta más que estos héroes anónimos y valientes.

El tesoro más grande que tengo son los recuerdos que guardo

de mi infancia, eso que me sirve de combustible para construir mi propia historia y la de mis hijos. El recuerdo que tengo de mi madre es escucharla siempre hablando bien de todos, nunca comparando y, en medio de sus ocupaciones, sacaba tiempo para leernos una buena historia en sus regazos, conversaba de su pasado y siempre nos hablaba del futuro y de cómo construirlo. Desde niños, nos enseñó el valor del ahorro y la disciplina del trabajo. Todos los días eran buenos para ser amados, acariciados y valorados en casa. Aún recuerdo a mamá, bañándonos cuando llegaba la noche, y me parece verla correr de un lado a otro trabajando sin descanso, pero siempre atenta a los suyos. Recuerdo de mamá su gran disposición de servir a los demás, la compasión que tenía para con los más necesitados y cómo abría la casa para que las personas vinieran. Mi casa era la casa de mis amigos y eso me hacía sentir muy bien porque era agradable. Ella era una gran anfitriona.

Siempre tuvo la ilusión de formar una familia, su propia familia. Y sin poder echar mano de buenos recuerdos para construir lo suyo, supo sacar de su corazón el ser una buena madre. Y no solo para nosotros sus hijos, ella era madre para muchas personas.

Mamá era hija de una de las amantes de su padre; su madre la dio a una tía para que la criara, y tenía que trabajar muchas horas en el día, incluso siendo niña. Cuando ella pensaba en su infancia, decía que para descansar le pedía a Dios que amaneciera enferma. En ocasiones la escuchamos llorar, recordando aquellos momentos, pero esos recuerdos se tornaron en deseos profundos de escribir una nueva historia.

Mamá no repitió con su familia lo que vivió en su infancia, más bien, aquello se convirtió en fuente de inspiración para lograr plasmar en cada uno de sus hijos algo nuevo. Por eso muchas veces me levanto para agradecer a Dios por mis padres, ellos pagaron un precio de lágrimas, perseverancia y lucha para que hoy tengamos oportunidades valiosas.

Mamá era una visionaria, siempre estaba atenta a las oportunidades para comprar, invertir, mejorar y crecer. Aun hoy, muchos años después de su muerte, sus proyectos y sueños están en pleno desarrollo, como si nunca hubiese partido. Sus valores siguen vivos en nuestros corazones.

Mi mamá partió hace varios años, pero sus valores siguen vivos en mi memoria. Muchas veces quisiera que estuviera a mi lado, también me pregunto lo que hubiese dicho en determinado momento, pues ella tenía una extraña sabiduría que nos marcó como familia.

Cuando pienso en la felicidad que disfruto con mi familia, me doy cuenta de que soy el resultado de las lágrimas de mi madre, quien pagó un alto precio por mi realización personal. Sí, ella lloró, pero en vida cosechó el fruto de su dolor y vio a sus hijos volver a los valores que la sostuvieron hasta el último minuto. Soy el resultado de una madre que murió para que yo viviera.

Mamá nos enseñó a valorar la vida, a ser compasivos y misericordiosos y a ejercer el arte del amor.

En mi familia había seguridad, protección, apoyo; tenía un alto sentido de pertenencia y me sentía cuidado y aceptado. Cuando era niño, la ropa pasaba del mayor al menor; dormíamos todos los hermanos en una misma habitación, casi nunca celebrábamos un cumpleaños y, de vez en cuando, cortaban la luz por falta de pago. Pero... nunca fui pobre, porque la familia estuvo llena con el amor y la ternura de mis padres. Esto fue suficiente para permitirnos crecer con ilusión.

También mi papá es el mejor del mundo: un hombre trabajador, amoroso con sus hijos, amante de sus nietos; lo hemos visto ser perseverante y luchador. No significa que le fue fácil; hubo lágrimas, soledad, tristeza, y nos contaba que cuando ya no tenía fuerzas se refugiaba en Dios.

Los años han pasado, ahora estoy casado y soy padre de dos hijos. Y hoy me es más fácil amar a mi esposa y a mis hijos porque lo observé primero en mis padres. Cuando veo a mi familia crecer, me doy cuenta de que me es fácil entregarme a ellos porque me enseñaron a amar: el arte de respetar, la grandeza de un abrazo, la virtud de la aceptación y el valor de la esperanza.

El fruto de la herencia es la suma de todos aquellos momentos que vivimos intensamente y que se quedan grabados en nuestra memoria como instrumento para construir nuestro propio futuro.

Nuestros hijos recordarán las pequeñas cosas que nos identificaron como familia, las veces que nos dimos una revolcadita en la cama, un ataque de cosquillas, las miles de veces que nos dijimos un «te amo», los besos inesperados, los días de vacaciones registrados en fotografías que despiertan sonrisas y todo aquello que nos hizo sentir aceptados, valorados y amados.

Cuando pasen los años, ¿qué dirán nuestros hijos?, ¿cómo nos recordarán?, ¿qué habrá inspirado sus mentes? Lo animo a que decida escribir en el corazón de sus hijos la mejor historia del mundo, aunque no tenga un pasado que le ayude a hacerlo, aunque en ocasiones le parezca que ya no puede más. Si bien pareciera que nadie valora su esfuerzo, ¡por favor!, por amor a los suyos, escriba la mejor historia en el corazón de ellos.

La familia se edifica pasando tiempo juntos, eliminado los gritos, la agresión, la crítica constante, la comparación y los sobrenombres hirientes. La familia se fortalece expresando halagos que mejoren nuestra aceptación y nuestro amor propio, teniendo admiración mutua capaz de generar un ambiente de respeto y comprensión, y dejando una huella consciente en la nueva generación. Yo y miles de personas más somos testigos de esa vivencia.

EL ÚLTIMO VIAJE

Pocos se preparan para el último viaje de la vida.

Tarde o temprano, partiremos de esta tierra y solo dejaremos recuerdos en la mente de quienes se relacionaron con nosotros. Dejaremos el recuerdo del tiempo compartido, del amor expresado y de la fuerza que imprimimos en nuestros hijos y amigos o dejaremos el recuerdo de alguien que no pudo darse a los demás. Por eso es tiempo de hacer un inventario de lo que hemos hecho y de lo que no vivimos. Ahora no nos sirve a nosotros, pero sí puede ayudar a quienes nos rodean para que no les ocurra lo mismo, o bien, para que lo valoren. Debemos compartirlo con las personas que amamos porque para ellos son lecciones de vida, experiencia que enriquece y podría significar una diferencia en sus vidas.

El inventario final debería ser una experiencia que nos arranque sonrisas, alegría, paz, realización y la satisfacción del deber cumplido. Sin embargo, he visto a personas llorar sin consuelo porque no pueden devolver el tiempo, y el momento de su partida está cerca. Todavía tienen cosas pendientes, tareas que fueron pospuestas y nunca encontraron su momento. Son conscientes de que faltó valentía y determinación para hacer lo que había que hacer. Llegar al final de la vida con cosas pendientes nos traerá intranquilidad, angustia, y nos costará partir en paz. Si hemos vivido muy ocupados y no hemos tenido tiempo de amar, bajemos el ritmo, abracemos, disfrutemos más y pidamos a Dios un estado de conciencia que nos permita vivir en plenitud.

Si estamos llenos de resentimiento y amargura, experimentaremos desesperación y deseos de venganza. El resentimiento nos atrapa y nos convierte en personas agresivas, intolerantes, frías, indiferentes, insensibles y con deseos incontrolables de destruir. Queremos vengarnos y nada calma el dolor que llevamos por dentro. Solo dejamos personas heridas en el camino, alejamos a los demás de nosotros y producimos víctimas. Pida perdón, perdónese, perdone.

No esperemos a que llegue el final para hacer lo que teníamos que hacer, para reconciliarnos, para amar, para compartir. Hagámoslo ahora, mientras tenemos fuerza y oportunidad para hacerlo.

Hoy también es momento para ser agradecidos con los que sembraron en nosotros esperanza; con todos aquellos que nos enseñaron a caminar, que nos dieron segundas oportunidades; con los que nos amaron, a pesar de nuestros errores; con los que transmitieron su conocimiento y nos enseñaron a creer que lo podríamos lograr. Las personas agradecidas experimentan un sentido de realización, de plenitud y desarrollan una conexión con los demás.

Tenga la determinación de sostener en el tiempo esa visión de cómo quiere partir. Planee su último viaje, anticípelo y determine cómo quiere llegar al final del recorrido. El último viaje tiene que encontrarnos con una conciencia tranquila y en paz con Dios, con nosotros mismos y con los que amamos. Esto nos impone procurar la paz interna, con nuestra familia y con las personas que apreciamos.

Epílogo

TERMINEMOS JUNTOS Y DISFRUTEMOS EL VIAJE

La pasión que late en mi corazón determina mi destino.
—Anónimo

Mi hijo Daniel tenía 5 años y yo regresaba de un viaje. Justo al llegar, me miró a los ojos fijamente y me dijo: «Papá, nunca te vayas de viaje sin decirme cuándo vas a regresar». Lo que me estaba diciendo era: «Por favor, no me abandones, no me dejes, no podría soportarlo». Este es el clamor de todos los niños del mundo, por eso espero que junto a los suyos tome la decisión de que, pase lo que pase, terminen juntos como familia.

Hace algún tiempo le dije a Helen: «Terminemos juntos y disfrutemos el viaje». Este se ha convertido en nuestro lema de vida. Han pasado los años y solo tengo un deseo: terminar mis días al lado de las personas más importantes de mi vida, mi familia. Sueño ver crecer a mis hijos, convertirme en abuelo y en construir recuerdos que se queden grabados como el tesoro más importante de nuestra historia de familia. Espero que mis hijos tengan mucho que contar a sus nietos, pero sobre todo, deseo con todo mi corazón que ninguna de mis decisiones o acciones les robe la alegría.

Terminemos juntos significa llegar al final de la carrera como lo hizo Pablo al describirlo en 2 Timoteo 4:7-8:

> «He peleado la buena batalla, he terminado la carrera, me he mantenido en la fe. Por lo demás me espera la corona de justicia que el Señor, el juez justo, me otorgará en aquel día; y no sólo a mí, sino también a todos los que con amor hayan esperado su venida».

Pablo estaba por comenzar su último gran viaje de la vida, luego de haber peleado con valentía, entrega y sacrificio. Estaba listo para pasar la estafeta a las nuevas generaciones. Pablo se mira a sí mismo y se da por satisfecho, mira la tarea realizada y se declara vencedor. Respecto a la batalla, la contempla y dice que fue buena. Y al observar la carrera, sabe que la corrió legítimamente y ganó.

No todo termina siempre bien, pero no tenemos que ser parte de las estadísticas que lastiman y duelen: tenemos todo el derecho de hacer lo mejor que podamos para dejar un legado digno de ser recordado. Mire cómo se duele Pablo ante la fragmentación, la traición y el abandono, pero mire también cómo Dios lo inspira y no deja que esas cosas sean más fuertes que el amor, la aceptación y el triunfo ante las adversidades:

«Ya sabes que todos los de la provincia de Asia me han abandonado, incluso Figelo y Hermógenes».
—2 TIMOTEO 1:15

«Pues Demas, por amor a este mundo, me ha abandonado y se ha ido a Tesalónica. Crescente se ha ido a Galacia y Tito a Dalmacia».
—2 TIMOTEO 4:10

«Por eso te recomiendo que avives la llama del don de Dios que recibiste cuando te impuse las manos. Pues Dios no nos ha dado un espíritu de timidez, sino de poder, de amor y de dominio propio. Así que no te avergüences de dar testimonio de nuestro Señor, ni tampoco de mí, que por su causa soy prisionero. Al contrario, tú también, con el poder de Dios, debes soportar sufrimientos por el evangelio».
—2 TIMOTEO 1:6-8

HE PELEADO LA BUENA BATALLA

Si hay una buena batalla, ¡hay una mala batalla!

- La del odio.
- La de la intolerancia.
- La de la enemistad.
- La de la envidia.
- La de la murmuración.

- La de dar rienda suelta a mis deseos engañosos.
- La del adulterio.
- La de la mentira.
- La de la rebeldía.

Estas malas batallas cansan, desgastan, crean culpa, dividen a la familia, hieren.

Las malas batallas no tienen fin, nos hacen dar vueltas y regresamos al mismo lugar. En ellas nunca llegamos a ninguna parte y estamos constantemente sin energía. Son batallas sin sentido. Llevan a gritos, a discusiones interminables, a pleitos judiciales, a separaciones que desgarran el corazón de los hijos. Por eso es necesario asegurarnos de que la batalla que peleamos sea la buena batalla, la de la fe, la de mantener la actitud correcta y la de llegar hasta el final por los que amamos, por nuestra familia, e incluso, por nosotros mismos.

La mejor forma de pelear la batalla se logra con una conciencia tranquila, la cual es fruto de hacer lo correcto, de pedir perdón, de restaurar la relación y de mantener viva la ilusión de llegar al final al lado de nuestra familia.

La carrera de la vida tiene una característica indiscutible: es un desafío que nos obliga a conquistarnos primero a nosotros mismos para poder edificar luego a los demás, por eso el apóstol Pedro nos invita a ganar a los demás con nuestro ejemplo más que con nuestras palabras.

> «Así mismo, esposas, sométanse a sus esposos, de modo que si algunos de ellos no creen en la palabra, puedan ser ganados más por el comportamiento de ustedes que por sus palabras, al observar su conducta íntegra y respetuosa. Que la belleza de ustedes no sea la externa, que consiste en adornos tales como peinados ostentosos, joyas de oro y vestidos lujosos. Que su belleza sea más bien la incorruptible, la que procede de lo íntimo del corazón y consiste en un espíritu suave y apacible. Ésta sí que tiene mucho valor delante de Dios».
>
> —1 Pedro 3:1-4

También tengamos presente que todo lo que hacemos en esta vida tiene implicaciones en la eternidad. Por eso todo lo que hagamos lo debemos hacer con sentido generacional. Nuestras decisiones impactarán a nuestra descendencia. Nos toca abrir camino para nuestros hijos, porque ellos se levantan sobre la construcción que hemos hecho. Por eso Pablo nos llama a permanecer firmes en la fe que profesamos. No hay otra forma de edificar nuestra familia más que en función de los valores que nuestro Dios ha sembrado como norma de conducta para nuestras vidas.

«Timoteo, hijo mío, te doy este encargo porque tengo en cuenta las profecías que antes se hicieron acerca de ti. Deseo que, apoyado en ellas, pelees la buena batalla y mantengas la fe y una buena conciencia. Por no hacerle caso a su conciencia, algunos han naufragado en la fe».

—1 Timoteo 1:18-19

Pablo expresa que ha dado su mejor esfuerzo, ha puesto lo máximo de sí; ha pagado el precio con cárcel, azotes, naufragios, ladrones, rivalidad; ha enfrentado el menosprecio, ha trabajado con sus manos, ha sido ejemplo a todos, ha hecho lo mejor que ha podido y se ha entregado a sí mismo. Pues bien, es lo mismo que tenemos que hacer por nuestra familia. Si no luchamos por lo que amamos, lo abandonamos fácilmente. Pero si pagamos el precio, cosecharemos los mejores frutos.

HE TERMINADO LA CARRERA

Pablo no duda en decir que ha terminado la carrera con la satisfacción del deber cumplido. ¿Cómo nos gustaría terminar la carrera de la vida? Es importante que lo decidamos lo más pronto posible, porque esto determina nuestro destino y la forma en que encaramos la vida.

¿Cómo nos aconseja Pablo correr la carrera? Con gozo, con alegría y con realización. Tenemos todo eso cuando hemos hecho lo correcto, cuando hemos dado nuestro mejor esfuerzo, cuando nos hemos sacrificado por lo que amamos. Por eso luchemos por nuestra familia y paguemos el precio para que al final del camino podamos decir que lo vivimos con una conciencia tranquila.

Toda elección tiene el precio de dejar de lado otros caminos; de ahí que el elegido debe ser bien pensado.

> «Sin embargo, considero que mi vida carece de valor para mí mismo, con tal de que termine mi carrera y lleve a cabo el servicio que me ha encomendado el Señor Jesús, que es el de dar testimonio del evangelio de la gracia de Dios».
>
> —Hechos 20:24

Para correr la carrera se requiere entrenamiento, disciplina, perseverancia, aprender a seguir instrucciones y dejarse moldear por el Maestro. Es imposible edificar una familia por instinto, necesitamos el consejo sabio de la Biblia y la enseñanza oportuna de otros para aprender el arte de convivir, ceder, escuchar y aceptar a los demás tal cual son. Además, es una carrera de resistencia, no de velocidad. Requiere carácter, paciencia, tolerancia y dependencia del entrenador para saber cuándo acelerar y cuándo aminorar el paso. Cada familia tiene su propio paso y cada etapa de la familia requiere un ritmo diferente. No es igual un matrimonio sin hijos a uno con hijos pequeños. Cada familia tiene un ritmo propio.

También, la carrera de la vida es una carrera sin atajos y sin caminos cortos. Edificar una familia es una carrera de largo plazo. Démonos la oportunidad de celebrar haber edificado una familia al final del camino, y no cualquier familia: una saludable, una nuestra.

Cualquiera inicia una carrera, pero terminarla es solo para personas valientes. Los que eligen por imitación no llegan, los que la eligen emocionalmente no llegan, los que eligen sin pensarlo bien no llegan. Debo estar seguro de que la carrera que he elegido es la que quiero terminar, pero no solo eso: tengo que agarrarme de la mano de Dios para hacerlo.

Correr en Dios nos hace desear hacer su voluntad y esto nos protege de hacer lo malo. Nos hace personas diferentes y radicales. Asimismo, cuando la carrera de la vida se vive en la dependencia de Dios, genera expectación: ¿cómo Dios lo hará?, ¿cómo serán mis hijos al crecer?, ¿cómo cambiará a mi cónyuge? Es esto lo que nos hace depender de Dios. Desarrolla la fe, nos inspira a continuar, desarrolla dones y habilidades y nos hace interdependientes. Pero al final, se celebra.

Termine su carrera con los que ama: su familia, y celebre igual que Pablo.

Aún recuerdo a mi papá, a sus 85 años, cuando un día que estaba con mis hijos, se le salieron unas lágrimas. Pensé que le ocurría algo y le pregunté qué le pasaba. Pero simplemente me respondió: «No me pasa nada, hijo. Solo lloro de emoción porque los tengo a ustedes. ¿Cómo no llorar si están conmigo?». En ese momento comprendí el secreto de la vida: consiste en llorar por amor, pero no cualquier lágrima: es la de la realización, la de la plenitud, la de la felicidad. Pero a la vez, me hice una pregunta existencial importante: «¿Es hasta los 85 años que se llora por amor? Y el resto de la vida, ¿solo son ocupaciones y correr? No me puede ocurrir, quiero llorar por amor toda la vida. Llorar de emoción al ver a mis hijos crecer, no quiero perderme nada de lo que vivan, digan o experimenten. Deseo estar ahí para verlos, disfrutarlos, formarlos y acompañarlos. Quiero llorar por amor toda la vida, porque al final es lo que nos produce la satisfacción del deber cumplido». Vamos, ¡terminemos la carrera con gozo!

ME HE MANTENIDO EN LA FE

La forma en que nos levantemos a luchar por nuestra familia va a inspirar a nuestros hijos y a los hijos de nuestros hijos, porque las buenas batallas apasionan y arrancan de nosotros lo mejor, provocando lo mismo en los que nos observan. Pelear la buena batalla nos convierte en una persona con una alta credibilidad y una persona digna de ser imitada. Así lo expresó Pablo a Timoteo:

> «Con fe y amor en Cristo Jesús, sigue el ejemplo de la sana doctrina que de mí aprendiste».
>
> —2 TIMOTEO 1:13

Pablo podía decir esto porque él estaba siguiendo la enseñanza que había recibido. También le expresa con seguridad que el fruto que hoy vive Timoteo es el resultado de lo que sembraron en él su abuela Loida y, luego, su madre Eunice:

> «Al recordarte de día y de noche en mis oraciones, siempre doy gracias a Dios, a quien sirvo con una conciencia limpia como lo hicieron mis antepasados. Y al acordarme de tus

lágrimas, anhelo verte para llenarme de alegría. Traigo a la memoria tu fe sincera, la cual animó primero a tu abuela Loida y a tu madre Eunice, y ahora te anima a ti. De eso estoy convencido».

—2 Timoteo 1:3-5

Viendo esta referencia, le sugiero adoptar una máxima en su vida: que todo lo que decida y haga tenga en mente impactar tres generaciones: la suya, la de sus hijos y la de los hijos de sus hijos. Porque Dios muchas veces nos habla en este lenguaje generacional. Nacimos para impactar generaciones.

« (...) derramaré mi Espíritu sobre tu descendencia, y mi bendición sobre tus vástagos».

—Isaías 44:3

Así le habló a Jacob:

«En el sueño, el Señor estaba de pie junto a él y le decía: "Yo soy el Señor, el Dios de tu abuelo Abraham y de tu padre Isaac. A ti y a tu descendencia les daré la tierra sobre la que estás acostado"».

—Génesis 28:13

«"En cuanto a mí —dice el Señor —éste es mi pacto con ellos: Mi Espíritu que está sobre ti, y mis palabras que he puesto en tus labios, no se apartarán más de ti, ni de tus hijos ni de sus descendientes, desde ahora y para siempre" —dice el Señor».

—Isaías 59:21

«—Éste es el pacto que establezco contigo: Tú serás el padre de una multitud de naciones. Ya no te llamarás Abram, sino que de ahora en adelante tu nombre será Abraham, porque te he confirmado como padre de una multitud de naciones. Te haré tan fecundo que de ti saldrán reyes y naciones. Estableceré mi pacto contigo y con tu descendencia, como pacto perpetuo, por todas las generaciones. Yo seré tu Dios, y el Dios de tus descendientes».

—Génesis 17:4-7

«Allí el Señor se le apareció y le dijo: "No vayas a Egipto. Quédate en la región de la que te he hablado. Vive en ese lugar por un tiempo. Yo estaré contigo y te bendeciré, porque a ti y a tu descendencia les daré todas esas tierras.

Así confirmaré el juramento que le hice a tu padre Abraham. Multiplicaré a tus descendientes como las estrellas del cielo, y les daré todas esas tierras. Por medio de tu descendencia todas las naciones de la tierra serán bendecidas, porque Abraham me obedeció y cumplió mis preceptos y mis mandamientos, mis normas y mis enseñanzas"».

—GÉNESIS 26:2-5

Las personas que pelean la buena batalla, la de la vida, la de la familia, tienen propósito, rumbo, dirección y sentido de trascendencia.

Es caminar con sentido y con el propósito de impactar generaciones lo que nos genera expectativa y dependencia de Dios. Dios ha salido en pacto con nuestra generación si guardamos su Palabra como lo hizo Abraham, el padre de la fe.

Mi sueño más grande es que cada persona pueda descubrir que la familia es para ser amada, apreciada y valorada. Sé que ninguna familia es perfecta, pero es mi oración que usted goce de una familia saludable y alegre en la que reine la paz, la armonía y la libertad.

SOBRE EL AUTOR

Sixto Porras está casado con Helen, con quien tiene dos hijos: Daniel y Esteban. Es un esposo enamorado y un padre ilusionado por ver quiénes llegarán a ser sus hijos y nietos. También es un orgulloso hijo de Toño y Adela, de quienes aprendió el arte de amar. Pero además, es un reconocido orador e invitado constante en medios de comunicación para tratar temas de familia, en muchos países. Asimismo, es Director Regional para Iberoamérica de *Enfoque a la Familia*. Vive feliz con los suyos en su Costa Rica natal.

PARA CONTACTAR AL AUTOR:

www.enfoquealafamilia.com
ayuda@enfoquealafamilia.com

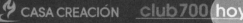
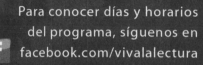